돈 걱정 없는 노후를 위한
은퇴세팅법

송영욱
지음

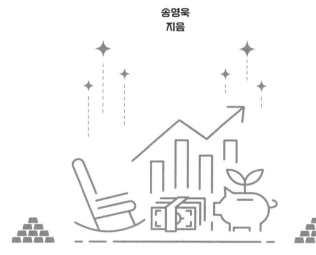

도서출판 새빛
SAEVIT

불안한 미래, 나의 노후는 안녕할까요?

오래 산다는 것. 하지만 누군가에겐 재앙입니다. OECD 회원국 중 노인빈곤율 40%로 1위! 노인 자살률 10만 명당 24명으로 1위! 안타깝게도 우리가 사는 나라의 현실입니다. 요즘 퇴직을 앞둔 분들은 길어진 노후를 어떻게 살아야 할지 막막해합니다. 가장 큰 걱정은 뭐니 뭐니 해도 '머니^{money}'입니다. '20억은 있어야 노후재정을 염려하지 않아도 된다.', '통장에 10억 없으면 은퇴하지 마라.'는 등 나의 노후를 불안케 하는 기사들이 범람합니다. '나는 아직 준비되지 않았는데⋯⋯', '퇴직하면 당장 어떻게 살아야 하나?', '나이를 먹는다는 것이 두렵다.' 등의 걱정을 하고 있습니까?

쓸데없는 걱정입니다! 노후가 두려운 진짜 이유는 걱정만 하고 실행하지 않기 때문입니다. 노인빈곤율이 40%라고요? 빈곤하지 않은 60%에 들어가도록 노력하면 해결됩니다. 노인 자살률이 10만 명당 24명이라고요? 99,976명은 자살하지 않습니다. 노후를 위해서 20억 또는 10억은 있어야 한다고요? 제 주변에는 20억 또는 10억만큼 되지는 않아도 행복한 노후를 보내는 분이 많습니다.

한때는 저도 경제적 문제, 사회적 문제에 대하여 부정적으로 보던 때가 있었습니다. 그러다 보니 부정적인 생각만 더 깊어지고, 정작 실행해야 할 것들은 하지 않게 되더군요. 노후문제도 마찬가지라고 봅니다. 부정적인 관점으로 보면 걱정만 깊어지고, 해결을 위한 실행력은 제로가 됩니다. 하지만 긍정적인 관점으로 보면 어떤 문제에 부딪혀도 해결할 방법을 찾아내고, 그 방법을 실행함으로써 해결할 수 있게 됩니다. 이 책은 노후문제를 긍정적인 관점에서 바라보고, 현실적인 해결방안을 제시하기 위해 썼습니다.

이런 분들이 읽었으면 좋겠습니다

저는 제 동기들보다 10년 정도 일찍 퇴직했습니다. 덕분에 퇴직 후 생활도 10년 일찍 경험했고, 노후준비도 현실적인 문제와 직접 부닥치며 헤쳐 나가야 했습니다. 이 책은 부자를 더 큰 부자로 만들어주는 책이 아닙니다. 우리 주변의 평범한 사람들이 노후준비를 위해 실행해야 하는 구체적인 방법을 제시하는 책입니다. 은퇴 후 돈 걱정 없는 노후를 준비하고자 하는 분, 4~50대 직장인 또는 자영업자인 분들에게 도움을 줄 수 있는 책입니다. 한편, 2~30대이지만 조기은퇴를 준비하시는 분, 소득생활은 오래 했으나 재테크 초보인 분, 돈 관리가 잘되지 않는 분, 돈 버는 시스템을 만들고 싶은 분들에게도 합리적인 자산관리기준과 실행방법을 알려주는 교과서 같은 역할을 할 수 있습니다.

지금 퇴직한다면… 노후준비는 몇 점?

돈 걱정 없는 노후를 만들기 위해서는 은퇴준비를 할 때부터 '세팅'을 잘해야 합니다. 노후를 위한 은퇴세팅은 개인별 소득과 소비수준에 따라 다릅니다. 그런 까닭에 이 책은 개개인의 상황에 맞게 계획하고 실행할 수 있도록 노후세팅·월급세팅·연금세팅·지출세팅 등 4개의 Part로 구분하여 기술하였습니다.

'Part 1 노후세팅'에서는 돈 걱정 없는 노후를 위해 지금 당장 체크해야 할 것이 무엇이고, 현재의 자산을 어떻게 세팅해야 하는지를 알려드립니다. 여기서는 첫째, 노후준비는 언제부터 하는

돈 걱정 없는 노후를 위한 은퇴세팅법

것이 좋은지, 지금 시점에서 어떻게 해야 하는지에 대한 해결책을 제시합니다. 둘째, 현재 나의 연금액을 체크하고, 적정 노후생활비 대비 부족액을 어떻게 준비할 것인지 알아봅니다. 셋째, 퇴직 전 자산과 부채를 점검해 보고, 노후를 위해 어떻게 설계하는 것이 좋은지, 그리고 퇴직 후 소득활동에 대하여 설명합니다. 이를 통해 지금 퇴직한다면, 나의 노후준비가 어느 정도 되어있는지 파악하고, 부족하다면 어떻게 준비하는지를 알 수 있게 됩니다.

매월 최고의 수익률! 그리고 그것을 유지하는 방법!

'Part 2 월급세팅'에서는 직장인이 안정적인 돈 관리를 위해 어떻게 월급세팅을 할 것인가에 대한 내용입니다. 매월 최고의 수익률을 내는 것은 바로 '월급'입니다. 직장에 다니기 위해 교통비, 품위유지비 등 매월 들어가는 비용이 100만 원인데 월급으로 300만 원을 받는다면, 비용 대비 수익률은 월 기준 200%(연 기준 2,400%)나 됩니다. 세상에 이보다 높은 수익률을 지급하는 금융상품은 없습니다. 그런데 대부분의 직장인은 이 높은 수익성 자산(월급)을 잘못된 투자로, 허당지출로 까먹고 있습니다. 이 문제를 해결하는 방법은 월급세팅입니다. 이 파트에서는 월급세팅을 통해 돈을 모으고 불림으로써 안정적으로 노후준비를 세팅할 수 있는 구체적인 방법들을 제시합니다.

평범한 직장인, 은퇴 후 돈 걱정 없이 살려면?

'Part 3 연금세팅'에서는 노후자금의 핵심인 연금을 늘리는 방법에 관하여 구체적인 사례를 들어 제시합니다. 노후자금은 한꺼번에 받을 수 있는 '목돈방식'보다, 매월 월급처럼 받을 수 있는 '연금방식'으로 세팅하는 것이 좋습니다. 목돈은 자녀결혼자금, 사업자금 등으로 금방 없어질 가능성이 크기 때문입니다. 노후가 되면 목돈은 '나가는 돈'이고, 연금은 '들어오는 돈'입니다. 소득이 없는 노후에도 월급처럼 매월 돈이 들어오게 세팅하는 것이 현명한 노후준비입니다. 이를 위하여 이 파트에서는 국민연금을 2배로 받는 방법, 국민연금만으로는 부족한 노후생활비를 충당하는 방법, 수익률을 높이는 퇴직연금 운용방법, 은퇴 후 매월 300만 원 받는 방법, 은퇴 후 매월 500만 원 받는 방법, 퇴직금을 연금방식으로 받을 수 있는 2가지 방법 등에 대하여 알려드립니다.

나는 왜 항상 쪼들리며 살고 있는 걸까?

'Part 4 지출세팅'에서는 고액지출을 고액투자(저축포함)로 바꾸어 억대의 노후자금을 확보하는 내용입니다. 쉬지도 않고 열심히 일하고 있는데, 항상 쪼들리며 사는 이유는 무엇일까요? 바로 허당지출 3가지 때문입니다. 여기서는 노후준비를 못 하게 하는 3대 허당지출이 무엇인지 알아보고, 3대 허당지출을 관리하여 억대 노후자금을 마련하는 방법을 제시합니다. 3대 허당지출은 과도한 사교육비, 과도한 보험료, 과도한 명품소비를 말합니다. 이 3가지가 나쁘다는 것이 아니라 과도한 것이 문제입니다. 이를 해결하기 위하여 과도한 사교육비 50만 원 절감하여 2억 원 확보하는 방법, 월 보험료 190만 원을 18만 원으로 줄이고 5억 원 확보하는 방법, 명품소비 대신 명품주식 보유로 168% 수익 내는 사례 등을 소개합니다.

이 책은 부자의 철학을 제시하는 추상적인 인문서가 아니라, 바로 적용하고 실행할 수 있는 실용서입니다. 또 현실적으로 불가능한 것을 그럴싸하게 꾸미는 것이 아니라, 누구나 실현 가능한 노후준비방법을 구체적으로 제시하려고 노력했습니다. 이 책에서 강조하고 있는 노후세팅, 월급세팅, 은퇴세팅, 지출세팅을 실행함으로써 부디 돈 걱정 없는 노후를 준비하는 분들에게 도움이 되기를 기원합니다.

2025년 3월
저자 송영욱

✦ 차례 ✦

Part 2 **월급세팅**
은퇴준비, 어떻게 시작해야 할지 막막하다면?

Part 4 지출세팅
돈을 버는데⋯ 왜 항상 쪼들리며 살지?

Part 1

노후세팅

돈 걱정 없는 노후!
나도 가능할까요?

은퇴를 앞둔 사람들이
가장 많이 하는
착각은?

당신의 노후준비는 걱정 없습니까?

최근 1천만 명에 육박하는 2차 베이비붐 세대(1964년~1974년생)가 은퇴하고 있습니다. 전체 인구 대비 20% 정도이고, 1차 베이비붐 세대(1955년~1963년생)인 700만 명보다 훨씬 더 많습니다. 직장 정년을 앞두신 분들은 은퇴 후 어떻게 살아갈지에 대한 고민이 많습니다. 건강이나 여가는 둘째치고, 당장 매월 생활비를 어떻게 해야 할지 막막합니다.

요즘 은퇴 예정자들을 착각하게 하는 기사 제목들이 많습니다. 얼마 전 K일보에 "통장에 11억 있으신지… 억 소리 나는 노후생활비"라는 제목의 기사가 떴습니다. '내 통장엔 11억은커녕 1억도 없는데… 정말 큰일이네?' 이런 걱정이 듭니다. H경제기사에 의하면 "평범한 직장인도 10억 들고 은퇴한다"라는 기사가 올라왔습니다. '아직 10억도 못 모은 나는 평범한 직장인도 못 되는 건가?'라고 자책하기도 합니다. "집+현금이 20~30억 있어야 은퇴 가능하다"라는 커뮤니티 글도 있더군요. 이 글대로라면 우리나라 직장인의 90% 이상은 죽을 때까지 은퇴하지 못하겠군요. 이런 기사는 소득 상위 10% 이내에 드는 분들만 보면 되는 기사입니다.

통장에 11억이 없어도, 아직 10억을 모아놓지 못했어도, 집+현금이 20~30억이 되지 않았다고 노후준비가 안 되었다고 낙망할 필요가 없습니다. 주변을 한번 둘러보십시오. 이 정도 수준의 노후준비가 된 사람은 거의 없습니다. 하지만 지금부터라도 준비하시면 크게 돈 걱정 없이 노후생활을 할 수도 있습니다. 이 책은 소득 상위 10%가 어떻게 노후준비를 할 것인가를 알려주는 책이 아닙니다. 그들은 그들이 알아서 잘할 겁니다. 저는 평범한 직장인, 보통의 자영업자가 적은 돈으로도 노후준비를 잘할 수 있는 방법을 제시하려고 합니다.

이젠 걱정 그만하십시오!

2차 베이비부머는 실버세대가 아니라 액티브시니어Active Senior(퇴직 이후에도 건강하고 적극적으로 생활하는 50~60대를 일컫는 말)입니다. 그들은 이전 세대보다 근로 의지가 강합니다. 직장에서 정년퇴직했다고 해서 소득 활동을 중지하지 않습니다. 실제로 '2023 은퇴시장 리포트'에 의하면 50대 이상 은퇴가구의 연평균 소득은 3,105만 원(월 기준 259만 원)이라고 합니다. 물론 풍족한 소득은 아닙니다. 하지만 기존의 자산과 더불어 어떻게 세팅하느냐에 따라 좀 더 나은 노후생활을 할 수 있는 기폭제가 될 수 있습니다. 또한 2차 베이비부머들은 IT 활용도가 높은 편입니다. 1차 베이비부머에 비하여 휴대폰 기능이나 컴퓨터 활용능력이 월등하게 뛰어납니다. 이런 능력을 활용하여 다양한 채널에서 알짜정보를 습득하기도 하고, 유튜브·인스타그램 등을 통하여 수입을 올리기도 합니다. 이런 추세에 힘입어 퇴직 후에도 하고 싶은 일을 능동적으로 찾아 도전하는 액티브시니어들이 점점 더 많아지고 있습니다.

은퇴가 가까울수록 노후 걱정을 하시는 분이 많습니다. 제 지인 중에 10년 전부터 은퇴 후를 많이 걱정하던 분이 있었습니다. 얼마 전 퇴직을 하여 만났는데, 아직도 걱정만 하고 있더군요. "앞으로 할 일이 있느냐?"고 물었더니 "이 나이에 뭘 할 수 있겠느냐"고 하더군요. "잘하는 것이 무엇이냐?" 물었더니 "특별히 잘하는 것이 없다"라고 하더군요. "좋아하는 것이 있느냐?"고 물었더니 "내가 좋아하는 것이 무엇인지 모르겠다."라고 하더군요. "그럼, 앞으로 어떻게 할 거냐?"라고 물었더니 "그게 걱정이다." 하더군요. 10년 전이나 지금이나 걱정만 하고 있었습니다. 혹시 독자님도 그렇습니까? 이젠 걱정 그만하십시오! 지금부터라도 이 책에서 제시하는 것들을 하나씩 하나씩 실행해 보십시오. 그리하면 돈 걱정 없는 노후가 훨씬 더 가까워질 것입니다.

Chapter 02

노후준비는 몇 살 때부터 하는 것이 좋을까요?

월급! 언제까지 받을 수 있을까요?

대부분 직장생활을 하면서 매달 월급을 받으며 살고 있습니다. 하지만 평생 월급을 받을 수 있는 것은 아닙니다. 언젠가는 퇴직해야 하고, 월급을 못 받게 되는 날이 오지요. 월급! 언제까지 받을 수 있을까요? 통계청 자료에 의하면 우리나라 평균 퇴직 연령은 53세라고 합니다. 53세부터 월급이 없어진다고 생각하면 암담해지는 분도 있을 겁니다. 요즘 퇴직을 앞둔 분들 사이에서는 '직장에서 어떻게든 끝까지 버텨야 한다.'라는 말을 많이 합니다. 퇴직하게 되면 당장 생활비는 물론이고 길어진 노후를 어떻게 해야 할지 걱정되기 때문입니다. 보통 직장생활을 하면서 월급을 받는 기간은 20~30년 정도 됩니다. 그런데 퇴직 후 월급이 없는 노후기간은 30년 이상입니다. 그러니 노후자금이 부족할 수밖에요.

통상 퇴직은 50대 중반에 하는데, 국민연금은 60대 중반부터 받을 수 있습니다. 퇴직 후 10년간 소득이 없는 공백기간이 될 수 있습니다. 그러기에 대부분 직장인은 퇴직 후에도 재취업을 하거나 창업 등으로 소득활동을 지속할 수밖에 없습니다. 과거 실버세대는 퇴직하면 쉰다는 생각이 많았는데, 최근 액티브시

니어들은 퇴직 후에도 적극적인 소득활동을 하고 있습니다. 하물
며 오랫동안 전업주부였던 여성들도 소득활동에 참여하는 경우
가 많아지고 있습니다.

퇴직 후 소득 공백기간에 대한 구체적인 해결책이 있어야 합
니다. 어떤 방법들이 있을까요? 첫째, 재취업 또는 창업을 통하여
소득활동을 연장하는 방법이 있습니다. 그런데 어떻게 해야 할지
막연하시죠. 일단 〈표1〉에서 정리한 정책 지원 사항을 잘 확인해
보십시오. 무료 교육프로그램도 많이 있고, 재취업 지원 또는 소
상공인 정책자금도 지원받을 수 있습니다. 인터넷포털에서 해당
검색어 입력하면 관련 사이트로 들어갈 수 있습니다. 확인해 보
시고 자신에게 적절한 지원을 받으시기를 바랍니다.

<표1> 퇴직(예정)자를 위한 정책 및 관련 상품(예시)

퇴직(예정)자 관련 정책	퇴직(예정)자 관련 상품
· 내일배움카드 · 중장년기술창업센터 · 서울런4050 · 신중년경력형일자리 · 중장년내일센터 · 소상공인정책자금 등	· 퇴직연금 · IRP(개인형퇴직연금) · 연금저축 · ISA(개인종합자산관리계좌) · 노란우산공제 · 비과세종합저축 등

둘째, 연금상품을 활용하는 방법이 있습니다. 퇴직연금이나

연금저축은 만 55세부터 언제든지 수령이 가능합니다. 그 이외에도 ISA나 노란우산공제 등의 상품에 적립한 돈이 있는 경우 소득 공백기간을 잘 버틸 수 있는 재원이 될 수 있습니다. 국민연금을 5년 빨리 받을 수 있는 조기 연금제도가 있지만, 향후 손해가 너무 크기 때문에 자제하는 것이 좋습니다(상세 내용은 후술함). 퇴직 후에는 소득은 적고, 지출은 상대적으로 많으므로 퇴직 전에 이러한 사항을 준비하는 것이 바람직합니다. 이 책이 독자님의 상황에 적합한 노후계획을 미리 설계하고 준비하는 데 직접적인 도움이 되었으면 합니다.

70세까지 5억 원 만들 수 있을까요?

    최근 조사에 의하면 평균적으로 50대에 퇴직을 하지만, 70세까지 소득활동을 해야 한다고 생각하는 분이 많다고 합니다. 부족한 생활비를 충당하기 위한 것이기도 하지만 또 한편으로는 퇴직했다고 그저 놀기만 하면서 사는 것도 지루하기 때문입니다. 그러므로 실질적인 은퇴 시기는 70세 이후라고 보는 것이 합리적이라고 생각됩니다. 은퇴전문가들은 70세까지 5억 원 정도는 마련해야 한다고 주장합니다. 저도 그 의견에 동의합니다. 5억 원 정도의 목돈은 노후에 매월 200만 원씩 25년 정도 받을 수 있는 돈입니다. 여기에 국민연금과 퇴직연금을 더하게 되면 매월 400만 원 정도 받을 수 있으므로 노후를 안정적으로 보낼 수 있습니다.

    문제는 '현실적으로 5억 원을 만들 수 있느냐?'에 있습니다. 주변을 살펴보면 70세에 5억 원 만드신 분들이 그리 많지 않습니다. 직장생활을 하면 매달 월급을 받는데도, 5억을 만들지 못하는 이유는 무엇일까요? 가장 큰 이유는 노후준비를 늦게 시작하기 때문입니다. 만약에 30세부터 준비한다면 매월 33만 원만 납입하면 70세에 5억 원이 됩니다. 그런데 40세부터 준비한다면 61만 원을 매월 납입해야 가능하고, 50세부터 준비한다면 123만 원을 매월 납입해야 가능합니다. 만약에 60세부터 준비한다면 무려 324만 원을 매월 납입해야 가능합니다.

<표2> 70세까지 5억 원을 만들려면 매월 얼마씩 납입해야 할까?

노후준비 시점별 월 납입금	30세	40세	50세	60세
월납입금	33만원	61만원	123만원	324만원
(5천만원)+월납입금	10만원	35만원	90만원	270만원

(출처 : M증권 연금계산기, 연5% 기준)

30세에 못 하고 40세부터 시작하게 되면 월 납입액이 2배(33만 원→61만 원)로 늘고, 50세부터 시작하게 되면 4배(33만 원→123만 원)로 늘고, 60세부터 시작하면 무려 10배(33만 원→324만 원)가 늘어나게 됩니다. 한편, 30세에 이미 5천만 원의 종잣돈이 준비되었다면 매월 10만 원만 납입해도 70세 5억 원이 가능합니다. 40세에 이미 5천만 원의 종잣돈이 준비되었다면 매월 35만 원만 납입해도 70세 5억 원이 가능합니다. 이처럼 미리 종잣돈이 마련되어 있으면 노후자금 준비가 훨씬 쉬워집니다.

돈 걱정 없는 노후를 위한 은퇴세팅법

노후준비, 몇 살부터 하는 것이 좋을까요?

〈표2〉에서 보시다시피 노후준비는 일찍 시작할수록 유리합니다. 나이가 중요한 것이 아니라 '돈을 벌기 시작할 때'부터 매월 납입하는 것이 좋습니다. 월 납입액이 적든 많든 구애받지 마시고 일단 노후준비를 위한 계좌를 만들어 납입하십시오. 5만 원도 좋고, 10만 원도 좋고 일단 소액이라도 돈을 버는 순간부터 납입해야 합니다. 첫 직장에 취업하면 세제혜택이 있는 연금상품(연금저축 또는 IRP)을 활용하는 것이 가장 유리합니다. 개인적인 사정으로 늦어지더라도 40세를 넘기지 말고 시작하는 것을 권합니다. 40세가 넘으면 부담해야 할 월 납입액이 기하급수적으로 많아지기 때문입니다. 30세인 K씨는 "나의 노후는 아직 까마득한 미래의 일인데 벌써부터 노후준비를 해야 하느냐?"라고 하더군요. 연금저축이나 IRP와 같은 연금상품은 연간 납입액의 16.5%를 환급받을 수 있는 절세상품입니다. 만약에 30세부터 매월 33만 원씩 납입한다면 매년 65만 원 정도를 환급받을 수 있습니다. 1년에 2달 치 납입액을 내가 냈던 세금으로부터 돌려받을 수 있다는 얘기입니다. 만약 70세까지 유지한다면 약 2,600만 원 정도의 세금을 환급받을 수 있습니다. 만약에 30세에 매달 75만 원씩 납입한다면 70세까지 약 6,000만 원 정도의 절세효과가 있습니다.

젊을 때는 고수익성 상품,
노후에는 제2의 월급상품!

연금저축이나 IRP와 같은 연금상품은 젊은 시기에는 노후준비 상품이라기보다는 '고수익성 상품'으로 활용할 수 있습니다. 30대에서 60대까지 직장생활을 한다고 하면 매년 연말정산을 하게 됩니다. 이러한 연금상품에 가입하면 연말정산 후 납입액의 16.5%를 환급받을 수 있습니다. 연금상품의 수익률과는 별도로 받을 수 있으므로 실제로 수익성이 아주 높은 상품이라고 할 수 있습니다. 일반적금보다 실제 수익률은 훨씬 높다고 봐야 합니다. 연금상품은 젊을 때는 '절세효과가 있는 고수익성 상품'으로 활용하면 되고, 노후에는 매월 연금처럼 받을 수 있으니 '제2의 월급이 될 수 있는 상품'으로 활용하면 됩니다. 특히 일찍 직장을 졸업하고 싶은 FIRE족(경제적 자립을 달성하여 조기에 은퇴하고자 하는 사람)이라면 절세와 고수익을 겸비한 연금상품을 지금 당장 가입해야 합니다.

Chapter 03

노후에 한 달 생활비는
얼마 정도 되나요?

인생의 목적자금 중
가장 중요한 것은 노후자금!

우리가 살아가는 동안 꼭 필요한 목적자금에는 4가지가 있습니다. 결혼자금, 자녀학자금, 주택마련자금, 그리고 노후자금입니다. 결혼자금은 5년 정도 준비해서 결혼만 하면 더 이상 준비하지 않아도 됩니다. 주택마련자금은 10년 정도 준비해서 주택을 사면 더 이상 준비하지 않아도 됩니다. 자녀학자금은 자녀가 초등학교부터 대학교까지 다닌다고 가정할 때 16년 정도 준비해서 자녀가 대학 졸업하면 더 이상 준비하지 않아도 됩니다. 노후자금은 어떨까요? 요즘에는 평균수명이 길어져 직장 정년퇴직 후에도 30년 이상 살아야 합니다. 그래서 노후자금은 가장 오랫동안 모아야 하고, 가장 오래 써야 하는 자금입니다.

OECD 평균 대비 우리나라의 노후 빈곤과 소외가 심각합니다. 더욱이 자녀의 노부모 부양이 갈수록 줄어들고 서로 떨어져 생활하려고 합니다. 대부분 중장년층도 본인이 노후를 책임져야 한다고 생각하기에 스스로 준비할 수밖에 없습니다. 그럼, 노후자금은 얼마나 필요한 것일까요? 그것을 파악하려면 일단 노후의 한 달 적정 생활비가 어느 정도 되는지 알아야 합니다.

나의 노후에
한 달 생활비는 얼마?

　　노후가 되면 아무래도 활발하게 소득활동을 할 때보다는 생활비가 줄어듭니다. 자녀들도 커서 독립하게 되고, 자신의 사회활동도 적어지므로 품위유지비, 경조사비 등도 줄어듭니다. 하지만 노후에 소득이 줄어들거나 없는 상황에서 매월 생활비가 큰 부담이 됩니다. 노후 생활비는 사람마다 생활수준과 소비성향에 따라 다를 수밖에 없습니다. 생활수준 및 소비성향이 높으신 분일수록 노후생활비가 많다고 볼 수 있습니다. 독자 여러분 모두의 생활수준과 소비성향을 제가 알지 못하기에 여기서는 통계청에서 발표한 가계금융복지조사 자료를 근거로 하여 말씀드리겠습니다.

<표3> 노후생활비 조사결과

연도	노후 최소생활비	노후 적정생활비	노후 준비 상황		
			잘 되어 있음	보통	잘 되어있지 않음
2024	240만원	330만원	8%	39%	53%

출처: 2024 통계청 가계금융복지조사

노후생활비는 노후 '최소' 생활비와 노후 '적정' 생활비로 구분하여 체크할 필요가 있습니다. 노후 최소생활비는 특별한 질병 등이 없는 상태에서 '최저의 생활을 유지하는 데 필요한 비용'을 말합니다. 반면 노후 적정생활비는 특별한 질병 없이 건강한 노년을 가정할 때 '표준적인 생활'을 하는 데 필요한 비용을 말합니다. 2024년 말에 발표된 통계청 가계금융복지조사에 의하면 노후 최소생활비(부부기준)는 240만 원 정도, 노후 적정생활비(부부기준)는 330만 원 정도입니다. 물론 이것은 통계일 뿐이고 거주 지역의 물가와 각자 소비 패턴 등에 따라 적정생활비는 차이가 날 수밖에 없습니다. 따라서 실제 자신의 은퇴설계를 하는 경우, 노후 적정생활비는 300만 원을 기준으로 하되, 자신의 재정상황과 소비 성향을 반영하여 가감하는 것이 합리적이라고 봅니다. 해당 조사에 의하면 '노후준비가 잘되어 있다'라고 응답한 비율은 8%에 불과합니다. 따라서 아직 노후준비가 잘되어 있다고 답할 수 없는 분이라면 우선 수치로 나타낼 수 있는 노후목표자금을 설정하고, 그 목표에 따라 지금 당장 실행해야 합니다. 지금 미루면 1년 늦어지고, 1년 미루면 10년 늦어집니다. 이 책에서 구체적인 방법들을 제시할 것입니다. 노후설계가 초보인 분이라면 이 책에서 제시하는 대로 따라 하면 되고, 중급 이상인 분이라면 자신의 상황에 적절한 것만 선택하면 됩니다.

Chapter 04

내가 받을 수 있는
연금은 몇 개?

길어진 노후, 연금은
얼마나 준비하고 있나요?

　우리나라의 연금제도는 노후생활비를 준비하기 위한 4층 보장 구조로 되어있습니다. 1층 보장 국민연금은 '기본적인 생활보장'을 하여 국가가 보장하는 의무연금입니다. 2층 보장 퇴직연금은 '표준적인 생활보장'을 위해 자신이 근무한 회사가 보장하는 의무연금입니다. 국민연금과 퇴직연금은 법에서 강제하고 있는 '의무연금'입니다. 즉, 개인이 의사와 관계없이 무조건 보장해야 하는 연금입니다. 반면, 3층 보장 개인연금은 '여유 있는 생활보장'을 위해 본인이 스스로 준비하는 연금입니다. 4층 보장 주택연금도 본인이 스스로 준비하는 것으로 주택을 담보로 매월 연금을 받을 수 있는 제도입니다. 개인연금과 주택연금은 가입여부를 본인 스스로 결정할 수 있는 '자율연금'입니다.

　직장인의 경우 국민연금과 퇴직연금은 의무이기 때문에 대체로 잘 준비되고 있습니다. 반면, 의무가 아닌 개인연금과 주택연금은 잘 준비하지 못하는 분들이 많습니다. 독자님은 이 중에 몇 개의 연금을 받을 준비가 되어 있나요? 최근 제2의 베이비부머가 은퇴하기 시작하면서 연금에 관해 관심이 커졌지만, 그 내용을 모르는 분들이 많습니다. 그래서 일단 4층 보장 구조의 연금이 어떤 것인지 알아보겠습니다.

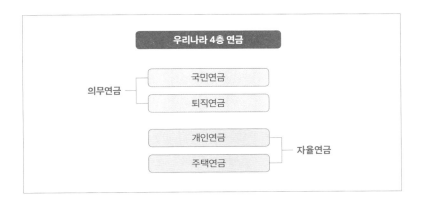

1층 보장 국민연금, 무조건 빠짐없이 냅시다!

국민연금은 월급에서 원천징수 되므로 직장인은 모두 납부합니다. 하지만 부득이하게 납부하지 못하는 분들도 있습니다. 최근 보건복지부 발표에 의하면 65세 이상 어르신 중 국민연금을 받지 못하시는 분이 49%나 됩니다. 그리고 아직 국민연금 수령할 나이에 이르지 않은 분 중 국민연금에 가입하지 않은 분이 26%라고 합니다. 실업이나 출산 등으로 국민연금 보험료를 내지 못할 경우, 노후 파산으로 이어질 수 있습니다. 국민연금을 내기 힘든 분들과 더 많이 받기를 원하시는 분들에게 희소식이 있습니다. 그것은 바로 '국민연금 크레딧 3종 세트'입니다.

　첫째, 실업자에게 국민연금 보험료를 지원해 주는 실업크레딧!
　실업크레딧은 만 18세 이상 60세 미만의 '구직급여 수급자'가 국민연금 가입기간 추가를 희망하는 경우, 최대 12개월까지 국가가 국민연금 보험료의 75%를 지원하고 그 기간만큼 국민연금 가입기간을 추가로 인정해 주는 제도입니다! 예를 들어 실업자의 국민연금 보험료가 10만 원인 경우, 국가로부터 7만 5천 원의 돈을 받을 수 있도록 한 것입니다. 그리하면 자신은 2만 5천 원만 준비하면 10만 원의 보험료를 낼 수 있게 되는 셈입니다. 각 지방 고용센터 또는 국민연금 각 지사에서 신청할 수 있습니다. 직장을 잃었다고 국민연금 포기하지 말고, 국가로부터 75% 지원받아 국민연금보험료를 계속 납부하길 바랍니다.

　둘째, 자녀가 있는 부모를 지원하는 출산크레딧!
　출산크레딧은 사회적으로 가치 있는 행위에 대한 보상으로 자녀의 수가 많을수록 국민연금 가입 기간을 추가 인정해 주는 제도입니다. 아이를 낳는 것은 개인의 선택이지만, 아이를 많이 낳는 것은 저출산 문제를 해결하는 것이므로 사회에 기여하는 행위입니다. 부모의 출산을 장려하고, 경력단절된 여성 가입자의 연금수급권을 더 강화한 제도라고 할 수 있습니다. 국민연금의 가입기간이 추가되면 향후 연금수령 시 수령금액이 높아지므로 유리합니다. 출산크레딧은 출산 후 바로 적용되는 것이 아니라, 10년 이상 국민연금 보험료를 납부하고 노령연금을 받을 시기가 되어 연금 지급신청을 할 때 적용되므로 별도의 사전 신청은 불필요합니다!

셋째, 군복무 했다면 군복무크레딧과 군복무 추납 활용!

군복무크레딧은 2008년 1월 1일 이후 입대해 6개월 이상의 병역의무를 이행한 사람에게 보험료를 납부하지 않아도 일정 기간의 국민연금 가입기간을 인정해주는 제도입니다. 그리고 군복무 추납은 국민연금 보험료를 내지 못했던 군복무 기간에 대하여 향후 추가로 보험료를 납입하면 그만큼 가입 기간으로 인정되는 제도인데요. 1988년 1월 1일 이후 군복무 기간이 있으신 분들이라면 군복무 추납을 통해 국민연금 가입기간을 늘릴 수 있습니다! 국민연금 가입기간이 늘어나면 늘어날수록 국민연금 수령액이 높아지므로, 이런 제도를 활용하는 것이 유리합니다.

2층 보장 퇴직연금(또는 퇴직금), 제발 중간정산하지 마세요!

퇴직연금은 퇴직금 관리방식과 수령방식에 따라 확정급여형

(DB형) 퇴직연금과 확정기여형(DC형) 퇴직연금으로 구분됩니다. 확정급여형(DB형)은 근로자가 퇴직할 때 받을 퇴직금이 사전에 확정된 퇴직연금입니다. 회사가 매년 근로자의 퇴직금을 외부 금융회사에 적립하고, 퇴직 시 해당 금융회사에서 퇴직금을 수령합니다. 근로자로서는 사전에 보장된 퇴직급여를 받을 수 있다는 장점이 있습니다. 하지만 높은 운용성과를 기대할 수는 없다는 단점이 있습니다. 반면 확정기여형(DC형)은 사용자(회사)가 납입할 부담금이 매년 근로자 연간 임금총액의 1/12로 사전에 확정된 퇴직연금입니다. 근로자가 직접 자신의 퇴직연금 적립금을 운용하며, 퇴직 시 기업이 부담한 금액과 운용결과를 합한 금액을 일시금 또는 연금형태로 받을 수 있습니다. 근로자가 직접 운용하기 때문에 자율성이 있고, 운용을 잘하면 높은 수익에 대한 기대를 할 수 있다는 장점이 있습니다. 하지만 근로자가 운용을 잘하지 못하면 DB형보다 훨씬 낮은 퇴직급여가 될 수 있다는 단점이 있습니다.

퇴직연금(또는 퇴직금)은 원칙적으로 직장인이 퇴직할 때 받는 것입니다. 그런데 예외적으로 퇴직 전에 받을 수 있는 경우가 있는데, 이것을 중간정산이라고 말합니다. 법에서는 원칙적으로 중간정산을 허용하고 있지 않으나 예외적으로 중간정산 하는 경우도 있습니다. 다만, 용어를 퇴직급여 유형에 따라 다르게 쓰고 있습

돈 걱정 없는 노후를 위한 은퇴세팅법

<표5> 퇴직급여제도 DB형과 DC형 비교

구분	확정급여형(DB형)	확정기여형(DC형)
개념	퇴직금이 사전에 '확정'되어 있는 형태	퇴직금이 운용실적에 따라 '변동'되는 형태
운용주체	사용자(회사)	근로자 본인
세액공제	없음	있음
중도인출	불가	원칙적으로 불가하나 예외적으로 가능한 경우 있음
적합한 경우	정년이 보장되는 안정된 기업의 근로자	연봉제 근로자, 직장이동인 잦은 근로자, 체불위험이 있는 기업의 근로자 등

니다. 퇴직금제도의 경우에는 '중간정산'이라고 부르지만, 확정기여형(DC형) 퇴직연금에서는 '중도인출', 확정급여형(DB형)에서는 '담보인출'이라고 표현합니다. 모두 다 중간정산의 성격을 가졌다고 보면 됩니다.

최근 저의 주변에는 정년퇴직하는 분들이 많아지고 있습니다. 퇴직했는데도 좀 여유 있는 분이 있는 반면, 무척 불안해하는 분도 있습니다. 그 차이는 퇴직급여 중간정산을 했느냐 여부에 있습니다. 중간정산을 하지 않은 분은 퇴직금이 꽤 큰돈이 되어 있어 든든한 노후자산 역할을 합니다. 하지만 중간정산을 한 분은 퇴직금이 너무 적어 금방 소진되어 버리기 때문에 불안한 것이지요. 대부분 정년퇴직하면 소득이 적거나 없어지기 때문에 퇴직급

퇴직급여의 예외적 중간정산 사유

① 무주택 근로자가 본인 명의로 주택을 구입하는 경우
② 무주택 근로자가 전세금 또는 보증금을 부담하는 경우 (한 사업장 1회 한정)
③ 근로자 본인, 배우자, 부양가족의 6개월 이상의 질병, 부상 요양비용에 대해 근로자가 임금 총액의 12.5% 이상을 부담하는 경우
④ 과거 5년 이내에 근로자가 파산선고를 받은 경우
⑤ 과거 5년 이내에 근로자가 개인회생절차개시 결정을 받은 경우
⑥ 고용노동부 장관이 고시하는 천재지변 등의 재난을 입은 경우 등

여가 큰 경제적 버팀목이 됩니다. 직장인이라면 누구나 퇴직 전에 중간정산의 유혹에 빠지기 쉽습니다. 하지만 저는 제발 중간정산하지 말라고 권하는 편입니다. 특히 주택구입자금 또는 전세금이 부족하여 중간정산하는 경우가 많은데, 그럴 때 중간정산하는 것보다 대출로 해결하는 것이 좋다고 봅니다. 왜냐하면 노후에는 소득이 적거나 없으므로 현금성 자산인 퇴직금이 꼭 필요합니다. 이러한 퇴직금과 같은 큰돈이 없으면 매월 돈 걱정 하면서 살아야 하거든요.

3층 보장 개인연금, 퇴직 후 국민연금 개시 전에 활용!

국민연금과 퇴직연금은 의무적으로 적립해야 하는 연금입니다. 국민연금은 매달 직장인의 월급에서 무조건 원천징수 되고, 퇴직연금은 회사가 의무적으로 적립해 놓아야 합니다. 그래서 직

장인 개인으로서 보면 신경 쓰지 않아도 강제적으로 적립되는 돈입니다. 하지만 국민연금과 퇴직연금만으로 노후자금이 충분하다고는 볼 수 없습니다. 정년퇴직은 보통 55세 전후에 하는데, 국민연금은 65세 이후에 받는 경우가 많습니다. 따라서 퇴직 후 10년 정도 소득의 공백이 생기게 됩니다. 이 기간을 돈 걱정 없이 살아가려면 '개인연금'이 필수적입니다.

국민연금과 퇴직연금은 법에서 의무적으로 적립하도록 강제하고 있지만, 개인연금은 개인이 자율적으로 적립하는 것입니다. 자율적으로 하는 연금이다 보니 노후준비에 신경을 쓰지 못하시는 분들은 개인연금을 간과하는 경우가 많습니다. 특히 자영업자나 프리랜서 같은 분들은 직장인처럼 퇴직금을 받지도 못하기 때문에 개인연금을 미리 준비하는 것이 더더욱 필요합니다.

개인연금이라는 명칭의 상품은 없습니다. 과거에는 있었지만, 지금은 판매 중지되었습니다. 여기서 말하는 개인연금이란 개인이 자발적으로 납입하여 연금처럼 받기 위하여 가입하는 상품이라고 보면 됩니다. 개인연금으로 활용할 수 있는 대표적인 상품에는 연금저축펀드, IRP(개인형 퇴직연금), 노란우산공제(소기업·소상공인 공제상품) 등을 들 수 있습니다. 이들 상품은 절세혜택이 있어 일반 상품보다 실제수익이 더 좋은 상품입니다. 아직도 이러한 상품에 가입하고 있지 않다면 지금 당장 계좌개설부터 해 놓기를 바랍니다. 직장인이라면 연금저축펀드, IRP(개인형 퇴직연금)는 반드시 가입해야 합니다. 자영업자라면 연금저축펀드, IRP뿐만 아니라 노란우산공제도 추가로 가입하는 것이 좋습니다. 여기에 넣을 돈이 없다구요? 지금 당장 없으면 매달 1만 원씩이라도 적립을 시작하십시오. 지금은 1만 원이지만 수입이 많아지면 조금씩 더 적립한다는 생각으로 일단 시작하셨으면 좋겠습니다.

4층 보장 주택연금, 돈은 없고 집 한 채만 있을 때 활용!

K씨는 퇴직 후 돈은 바닥나고 있고 집 한 채만 남았습니다. 어떻게 해야 할까요? 대출을 받자니 원리금을 상환할 돈이 없고, 집을 팔자니 당장 사 줄 사람이 없고, 집을 안 팔자니 당장 생활비가 없습니다. 살 집과 생활비를 동시에 해결할 방법은 없을까요?

이런 상황에서 활용할 수 있는 것이 주택연금입니다. 주택연금은 살던 집을 담보로 맡기고 다달이 연금을 받는 제도입니다. 형식은 대출형태인데, 일반적인 주택담보대출(모기지론)과는 큰 차이가 있습니다. 예를 들어 1억 원을 10년 만기로 주택담보대출을 받으면 1억 원의 대출금을 먼저 받고, 매월 대출이자를 내야 합니다. 하지만 주택연금은 역모기지론이라고 하여 일반 주택담보대출과 좀 다릅니다. 주택연금은 일반 주택담보대출처럼 대출 당일 목돈 1억 원이 나오는 것이 아닙니다. 연금 지급방식으로 매월 소액(ex. 100만 원)씩 죽을 때까지 나옵니다. 주택연금은 일반대출처럼 매달 대출이자를 내지 않아도 됩니다. 매달 나오는 연금에서 대출이자를 차감하고 주기 때문입니다.

주택연금 가입 당시 집값이 상승하면 상승분이 반영되어 연금액이 책정됩니다. 예를 들어 작년에 집값이 5억 원이었는데 올해에 6억 원이 되었다고 가정할게요. 이런 경우 만약에 작년에 집값 5억 원일 때 주택연금에 가입하면 60세부터 매월 '98만 원'씩 연금을 받게 됩니다. 그런데 올해 집값이 6억 원일 때 주택연금에 가입하면 60세부터 매월 '118만 원'씩 연금을 받게 됩니다. 동일한 주택이라도 집값(공시가격 기준)이 얼마일 때 가입하느냐에 따라 연금액이 달라집니다.

'내가 주택연금을 받는다면 얼마나 받을 수 있을지' 궁금해 보신 적 있으신가요? 그렇다면 〈표6〉을 보면서 대략 감을 잡기 바랍니다. 〈표6〉은 주택연금을 주관하는 한국주택금융공사에서 작성한 것으로 신뢰할 수 있는 것입니다. 표에서 볼 수 있듯이 주택연금은 만 55세부터 받을 수 있는데요. 늦게 받을수록 연금액이 높아집니다. 그리고 모든 주택이 주택연금을 받을 수 있는 것은 아니구요. 주택의 공시가격이 12억 원 이하인 주택만 주택연금을 받을 수 있습니다.

　　만약 주택연금 가입자가 세상을 떠나면 해당주택을 팔아 대출을 상환하게 됩니다. 이때 대출을 상환하고 돈이 남으면 그 돈은 상속인(배우자, 자녀 등)에게 줍니다. 대출 상환을 위해 주택을 파는 시점에 집값이 내려가면 상속인에게 돌아갈 몫이 적어집니다.

<표6> 주택연금 월 지급금 예시 (2024.3.1. 기준)

(종신지급방식, 정액형)　　　　　　　　　　　　　　　　　　　　단위: 천원

연령	주택가격											
	1억원	2억원	3억원	4억원	5억원	6억원	7억원	8억원	9억원	10억원	11억원	12억원
55세	145	291	436	582	728	873	1,019	1,164	1,310	1,456	1,601	1,747
60세	198	396	594	791	989	1,187	1,385	1,583	1,781	1,979	2,177	2,375
65세	240	480	720	960	1,201	1,441	1,681	1,921	2,162	2,402	2,642	2,882
70세	295	591	886	1,182	1,478	1,773	2,069	2,365	2,660	2,956	3,251	3,278
75세	370	740	1,111	1,481	1,851	2,222	2,592	2,962	3,333	3,538	3,538	3,538
80세	474	949	1,424	1,898	2,373	2,848	3,322	3,797	3,939	3,939	3,939	3,939

하지만 집값이 크게 떨어져 주택매각대금으로 대출을 전부 갚기 어렵다고 하더라도, 상속인은 부족 금액을 갚지 않아도 됩니다. 부족금액만큼 주택금융공사가 손해를 보는 것으로 종결됩니다. 주택연금의 상속인은 집값 상승에 따른 이익은 취하면서, 하락

에 따른 불이익은 주택가격까지만 제한된 구조입니다.

주택연금 가입자 사망 시 주택연금 대출 정산 방법

주택연금 가입자 사망 시 상황	상속인의 권리와 의무
주택매각대금이 대출금액보다 큰 경우	대출상환 후 남은 금액은 상속인이 갖게 됨
주택매각대금이 대출금액보다 작은 경우	부족분에 대하여 상속인은 상환의무 없음

Chapter 05

내가 은퇴한다면…
내 연금은 얼마?

못 받았다고 생각한
퇴직금 5,580만 원, 그러나!

　현장공사를 주로 했던 Q씨(56세). 그가 근무했던 ○○업체는 계속되는 경기침체로 인해 결국 2023년 9월 폐업했습니다. 회사 폐업으로 Q씨는 퇴직금도 받지 못해 경제적으로 어려웠습니다. 그런데 최근 Q씨가 자신의 모든 연금현황을 직접 조회할 수 있다는 사실을 알게 되었습니다. 자신의 모든 연금을 조회해 보니 Q씨가 다니던 ○○업체에서 근무할 때 적립된 퇴직연금 5,580만 원이 있었습니다. Q씨는 자신이 퇴직금을 못 받아서 억울하다고 생각했는데 사실은 퇴직연금 형태로 안전하게 적립되어 있었던 것입니다. 현장공사 일을 주로 하던 Q씨는 퇴직연금 가입 사실도 잘 모르고, 그 내용도 가르쳐주지도 않아서 전혀 모르고 있었다고 합니다.

　퇴직연금은 2005년 12월 '근로자퇴직급여 보장법'에 의하여 법적으로 보장받게 된 퇴직급여제도입니다. 이 법에 따라 퇴직연금은 금융회사의 별도 계정에서 관리하도록 하여 회사가 망해도 안전하게 받을 수 있도록 하는 시스템을 갖추었습니다. 쉽게 말하면 회사는 법에 따라 의무적으로 퇴직연금을 적립해야 하고,

그 적립된 돈은 금융회사 계정에서 관리하게 됩니다. 금융회사 계정에서 별도로 관리되기 때문에 회사가 마음대로 빼 갈 수 없습니다. 금융회사에 퇴직연금으로 적립된 돈은 오직 해당 직장인 개인만 빼 갈 수 있도록 법으로 정해 버린 것입니다. 그러니 회사가 아무리 돈이 부족해도, 설령 회사가 망하게 된다고 해도, 직원의 퇴직연금에 적립된 돈은 안전하게 지켜진다고 볼 수 있는 것이지요. Q씨도 회사는 망했지만, '근로자퇴직급여 보장법'에 의하여 Q씨의 퇴직연금을 안전하게 받을 수 있게 된 것입니다.

내 연금은 얼마?
간단하게 조회하는 방법

　금융당국 발표에 따르면 근로자가 찾아가지 않은 퇴직연금이 1천억 원이 넘는다고 합니다. 직장이 폐업했음에도 퇴직연금을 찾아가지 않은 근로자 수는 무려 7만 명에 육박합니다. 독자님은 현재 기준으로 볼 때 자신이 얼마나 연금을 받을 수 있는지 알고 계십니까? 모르고 계셨다면 지금 당장 조회할 수 있는 방법을 알려드리겠습니다. 퇴직하든 안 하든, 퇴직연금을 찾아가든 안 찾아가든, 회사 재직 중이든 아니든 상관없이 조회할 수 있고요. 현재 기준 연금액뿐만 아니라 미래의 연금액도 나이별로 조회할 수 있습니다. 국민연금, 퇴직연금, 개인연금, 주택연금을 모두 한 번에 조회할 수 있습니다.

　내 연금을 어디서 조회할 수 있는지 궁금하시죠? 바로 금융감독원(www.fss.or.kr)에서 조회할 수 있습니다. 인터넷 포털 네이버 Naver에서 검색어 "내 연금 조회" 쓰고 클릭하면 '금융감독원 통합연금포털'이 검색됩니다. 내 연금을 조회하려면 약간의 절차가 필요한 데요. '금융감독원 통합연금포털'에 들어가기 위해 인증절차를 거쳐야 합니다. 인증방법은 카톡, 금융회사, 휴대폰, 공동인

증서 등으로 할 수 있는데 카톡으로 간편인증 하는 방법이 가장 간단하더라고요.

　　많은 은퇴전문가가 연금을 미리 준비해야 한다고들 하는데 구체적으로 얼마나 준비해야 할지 막연한 분들이 많습니다. 독자님도 막연하다면 일단 '내 연금 조회'부터 지금 당장 해 보시기 바랍니다. 내 연금 조회를 통해 나의 노후 적정생활비를 정하는 기준을 만들 수 있기 때문입니다. 그리고 나의 노후 적정생활비를 충족시키기 위해 얼마나 더 준비해야 하는지 알 수 있습니다. '내 연금 조회'하면 가장 좋은 점이 구체적인 수치로 보여준다는 점입니다. 예를 들면 65세 기준 내 연금은 '국민연금 1,200만 원, 퇴직연금 600만 원, 개인연금 600만 원으로 연간 총 2,400만 원 받을 수 있다' 이렇게 구체적인 수치로 보여주니까 나의 연금수준을 정확하게 파악할 수 있습니다.

내 연금 조회, 따라서 해 볼까요?

독자님은 자신이 연금을 얼마나 받을 수 있는지 알고 있나요? 아직 모른다면 저와 함께 자신의 연금을 한번 조회해 보기로 해요. 내 연금 조회는 단순히 조회만으로 끝나면 안 되고요. 내 연금이 나의 노후 적정생활비로 충분한지 부족한지를 체크해 보고, 만약 부족하다면 얼마나 더 저축해야 하는지를 계산해 봐야 합니다. 그리고 부족액을 충당하기 위하여 어떻게 준비할 것인지를 생각해 보아야 합니다. 다음 순서로 독자 여러분도 따라 해 보기 바랍니다.

첫째, 내 연금을 조회하기 전에 자신의 노후 적정생활비는 어느 정도 잡고 있는지 파악해야 합니다. 노후 적정생활비는 일반적으로 은퇴 전 생활비의 70~80% 정도 쓰게 됩니다. 은퇴 후에는 소득이 줄어들어 은퇴 전보다 지출을 줄이기 때문입니다. 국민연금 9차 설문조사에 의하면 부부기준 노후 적정생활비는 300만 원 정도 되는 것으로 나타났습니다. 이를 참조하여 여러분도 자신의 적정생활비를 지금 한번 정해 보기 바랍니다. 여기서는 편의상 노후 적정생활비를 300만 원으로 정했다고 하고 진행하겠습니다.

둘째, '금융감독원 통합연금포털'에 접속하여 자신의 연금을 조회하길 바랍니다. 여기서 내 연금을 조회했더니 〈표7〉과 같이 나왔다고 가정해 볼게요.

〈표7〉 내 연금 조회(예시)

단위: 만원

구분	65세	66세	67세	68세	69세	70세	71세
국민연금	1,200	1,236	1,273	1,311	1,350	1,391	1,432
퇴직연금	600	612	618	624	630	636	643
개인연금	600	612	618	624	630	636	643
주택연금	0	0	0	0	0	0	0
연금수령액	2,400	2,460	2,509	2,559	2,610	2,663	2,718

지금 50세인데, 내 연금 조회를 했더니 은퇴시점인 65세에 매년 연금수령액은 2,400만 원입니다. 월 기준으로 환산하면 매월 200만 원씩 받을 수 있습니다. 만약 당신이 노후 적정생활비를 매월 300만원으로 정했다면 100만 원이 부족하다는 것을 알 수 있습니다.

셋째, 부족한 100만 원을 어떻게 준비할 것인지 생각해 보아야 할 것입니다. 4대 연금과는 별도로 매월 100만 원씩 저축하는 방법이 있습니다. 지금(50세)부터 월 100만 원씩 적립하면 65세에

2억 원 정도의 노후자금이 마련됩니다. 가능하십니까? 이런 방법이 힘든 분도 있겠지요. 자녀 대학등록금 또는 대출 원리금 상환 등 아직도 들어가야 할 돈이 많은 분은 매월 100만 원 저축한다는 것이 어렵습니다. 그렇다면 주택연금을 고려해 볼만 합니다. 주택 공시가격이 4억 원이면 65세부터 96만 원 정도 받을 수 있습니다. 이 방법도 곤란하다면 65세 이후에도 100만 원 정도의 소득활동을 해야 합니다. 이 외에도 선택할 수 있는 다른 방법이 있다면 미루지 말고 지금부터 실행하여야 합니다.

Chapter 06

돈 걱정 없는
노후를 위한
노후세팅 방법은?

기울어진 내 자산,
바로 세우는 자산세팅!

우리가 보유하고 있는 자산은 금융자산과 실물자산으로 나눠집니다. 금융자산은 금융회사에서 가입한 예금·펀드·주식 등을 말하고, 실물자산은 부동산·금·그림 등을 말합니다. 우리나라의 경우 금융자산은 예금에 집중되어 있고, 실물자산은 부동산에 집중되어 있습니다. 자산도 어느 한쪽에 편중되기보다는 안정적인 균형을 이루어야 하는데, 우리나라의 경우에는 한쪽으로 편중되어, 금융위기나 불황 등으로 자산시장이 불안해지면 위험한 자산구조로 되어있습니다.

우리나라 가계의 자산은 76% 정도가 부동산에 묶여있습니다. 부동산 비중이 50% 이하인 선진국에 비하여 심각하게 높은 편입니다. 반면 금융자산의 비중은 24%에 불과합니다. 이처럼 기울어진 자산구조는 노후가 되면 심각한 결과를 초래할 수도 있습니다. 노후가계의 자산구조는 금융자산 50%, 부동산자산 50%로 균형을 맞추어 놓는 것이 바람직합니다. 왜냐하면 노후에는 소득은 줄어들고, 지출은 많아지기 때문에 즉시 현금화시킬 수 있는 금융자산을 많이 보유하는 것이 유리하기 때문입니다.

제가 금융기관 직원으로 강남에서 7년 정도 근무한 적이 있었는데요. 우리나라 부자들이 산다는 강남 고객을 만나 얘기하다 보면 의외로 돈이 없다고 하는 분들이 많았습니다. 부동산 가격이 상승하면서 자산은 많아졌는데 상대적으로 현금성 금융자산은 적기 때문이죠. 어떤 고객은 재산세 낼 돈도 없다고 하신 분도 있었습니다. 특히, 은퇴 후 특별한 직업이 없으신 분들은 생활수준 대비 현금이 매우 부족했습니다. 하지만 자산구조의 불균형 문제는 비단 강남 사람들만의 문제가 아닙니다. 우리나라 대부분 가계의 자산은 부동산에 편중되어 있기 때문입니다.

　금융자산은 적고 부동산자산이 대부분인 은퇴자들은 여러 가지 돈 문제에 부딪히게 됩니다. 은퇴 전 직장생활 할 때는 느끼지 못했던 건강보험료도 많게 느껴지고, 매달 들어가는 아파트 관리비와 대출이자도 부담입니다. 은퇴 전 자주 했던 외식이나 여행은 더더욱 힘들어집니다.

　이 책을 보는 독자님은 늦어도 은퇴 시점까지는 금융자산과 부동산자산의 비중을 거의 비슷한 수준으로 맞추는 작업을 해야 합니다. 어떻게 하면 균형 있게 할 수 있을까요? 첫 번째 방법은 부동산자산의 규모를 낮추는 방법입니다. 특히 은퇴할 때쯤 자녀들이 독립하게 되면 집의 규모를 줄이는 것이 합리적입니다.

그리하면 부동산 비중은 낮아지고 금융자산 비중은 높일 수 있겠지요. 두 번째 방법은 부동산은 그대로 둔 채 금융자산의 비중을 높이는 방법입니다. 이 방법은 지출을 최대한 줄여서 저축과 투자를 최대한 많이 할 수 있을 때 가능합니다. 소득이 높은 분이라면 두 번째 방법이 더 좋다고 생각합니다. 소득이 높아지면 집을 두 채, 세 채 늘려가는 분들도 있습니다. 하지만 노후자산관리 측면에서 그런 방법은 그리 적절하지 않습니다. 노후에는 부동산 자산보다 매월 현금흐름이 더 필요하기 때문입니다.

은퇴 전 부채세팅으로
대출은 없애든지, 줄이든지.

대기업에 근무하다가 퇴직한 L씨는 앞으로 어떻게 살아야 할지 막연하다며 이렇게 말합니다. "그동안 모아 둔 재산이라고는 집 한 채 덜렁 남았어요. 그런데 그 집도 대출로 장만한 거라 온전히 제 것은 아닌 셈이죠. 월급이 없으니 마이너스 통장까지 써서 대출이자를 내야 하는 상황입니다. 마음도 굉장히 불안해요. 어떤 때는 로또 당첨이라도 되길 바랄 때가 있어요. 어떻게 해야 할지 모르겠어요."

은퇴 후 대출이라는 큰 짐을 안고 계신 분들이 많습니다. 어떻게 하는 것이 좋을까요? 은퇴 후에는 소득이 적기 때문에 큰 지출을 줄이는 것이 중요한데요. 은퇴 전에 퇴직금이나 모아놓은 돈으로 대출을 전액 상환하는 것이 가장 좋았겠지요. 하지만 그게 말처럼 쉽지가 않지요. 차선책으로 전액상환이 아니면 일부라도 상환하여 은퇴 후 부담을 최대한 줄이는 것이 우선입니다. 대출 부담을 줄이는 방법을 알아보겠습니다.

첫째, 소극적인 방법으로 대출 갈아타기가 있습니다. 금융용

어로는 대환대출이라고 합니다. 혹시 금리가 높을 때 대출을 받을 경우라면 금리가 낮은 대출로 갈아타는 것이 유리하겠지요. 5% 금리의 3억 대출을 4%짜리 대출로 갈아타면, 10년이면 3천만 원, 30년이면 9천만 원을 절약할 수 있습니다.

　　대환대출은 반드시 퇴직 전에 하셔야 합니다. 퇴직 후에는 대출자격이 안 될 수도 있기 때문입니다. 대환대출 할 때 대출적격자 판정을 받아야 하는데요. 일반적으로 소득수준, 신용도 등을 평가하여 판정합니다. 퇴직하고 나면 소득수준, 신용도 등이 떨어지므로 퇴직 전에 대환대출을 실행해야 합니다. 일단, 퇴직 전에 더 싸게 대환대출 받을 수 있는 곳을 알아봐야 합니다. 모든 금융기관을 찾아다닐 필요까지는 없습니다. 금융감독원 사이트(www.fss.or.kr)의 '금융상품 한눈에'라는 항목에서 모든 금융기관의 대출금리 수준을 확인할 수 있습니다. 여기서 자신에게 유리한 금융기관의 대출을 찾으면 됩니다. 대출금액, 대출기간, 금리방식, 상환방식 등 조건을 입력하면 모든 금융기관의 대출을 비교 검색할 수 있습니다.

　　둘째, 적극적 방법으로 자금을 마련하여 대출을 상환하는 방법입니다. 그런데 퇴직 후에는 소득이 없어 쉽지 않겠지요. 하지만 방법은 있습니다. 현재 살고 있는 집을 파는 것입니다. 집을 팔고 월세 살라는 것이 아니고 작은 평형의 집으로 전환하라는 것입니다. 예를 들어 33평 아파트를 팔아 25평 아파트로 이사 가는 것이지요. 그러면 평형을 줄인 만큼 여윳돈이 생길 것입니다. 그 돈으로 대출을 전액 또는 일부 상환하는 것이지요. 일반적으로 은퇴 후에는 자녀들도 분가하는 경우가 많으므로 굳이 큰 평형의 아파트에서 살 필요가 없습니다. 작은 평형으로 옮기면 대출 부담이 줄고, 각종 주거비(관리비, 유지비 등)도 줄기 때문에 1석2조, 1석3조의 효과를 거둘 수 있습니다.

대출상환이 우선인가?
노후자금 마련이 우선인가?

우리나라 사람들은 대부분 대출이 있습니다. 퇴직(예정)자들도 마찬가지입니다. 이분들의 경우 여윳돈이 생기면 대출상환이 먼저일까요? 노후자금 마련이 먼저일까요? 10년 후 퇴직 예정인 50세 직장인 T씨는 현재 1억 원의 대출이 있습니다. 아직 퇴직 전이라 매월 월급을 받아 쓸 것을 쓰고도 100만 원 정도의 여유자금이 남습니다. 그렇다면 이 100만 원으로 매월 대출원금을 상환하는 것이 좋을까요? 아니면 대출원금 상환을 미루고 노후자금을 만드는 것이 좋을 까요?

'대출원금 상환이 우선이냐? 노후자금 마련이 우선이냐?'는 다음 세 가지 기준으로 판단해야 합니다. 첫째, 대출이자가 생계에 부담이 될 정도로 큰 것이라면 대출상환이 우선입니다. 둘째, 고금리시대에는 대출상환이 우선이고 저금리시대에는 노후자금 마련이 우선입니다. 셋째, 대출로 인한 이익이 적으면 대출상환이 우선이고, 대출로 인한 이익이 많으면 노후자금 마련이 우선입니다.

T씨는 '매월 100만 원씩 대출을 상환할까? 매월 100만 원씩 노후상품에 넣을까?'를 고민하고 있습니다. 어떻게 하는 것이 좋을까요? 이 경우 취할 수 있는 3가지 방법에 따라 향후 자산이 어떻게 변하는지 알아보겠습니다. 이 경우 취할 수 있는 3가지 방법에 따라 향후 자산이 어떻게 변하는지 알아보겠습니다.

<표8> 대출상환이 우선이냐? 노후자금 마련 우선이냐?

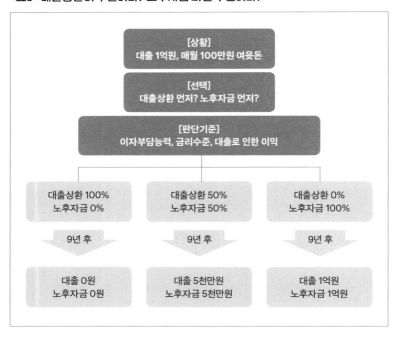

첫째, 매월 여유자금 100만 원을 모두 대출을 상환하는 데 쓰는 방법이 있습니다. 그렇게 하면 약 9년 후에는 대출을 모두 상

환하게 됩니다. 하지만 이 경우에는 대출과 노후자금 모두 0이 되므로 자산도 0입니다. 결국 9년 동안 번 돈으로 자산을 하나도 만들지 못했습니다. 빚 갚는데 모두 탕진한 셈이죠. 은퇴가 다가 오고 있는데 노후자금이 0원, 노후자금이 0원이니 다시 대출을 받아야 합니다. 그리고 또 갚아나가야 합니다. 이런 악순환이 계 속된다면 평생 마이너스 인생을 살 수밖에 없게 됩니다.

둘째, 매월 여유자금 100만 원 중 50만 원은 대출상환에 쓰 고, 나머지 50만 원은 노후자금 마련에 활용하는 방법이 있습니 다. 이렇게 하면 9년 후에는 대출이 5천만 원으로 줄고, 노후자금 5천만 원이 마련되어 자산은 '1억 원'이 됩니다. 자산이 왜 5천만 원 아니라 1억 원이냐구요? 회계상 자산은 자기 돈에 부채를 합 한 것이거든요. 대출이자 상환이 생계에 어느 정도 부담을 준다 면 대출을 일부씩 상환해 나가는 것이 유리합니다.

셋째, 대출원금은 전혀 상환하지 않고 노후자금 마련에만 집 중하는 방법입니다. 이 방법은 대출이자 납입이 생계에 큰 영향 을 미치지 않고, 대출금리가 높지 않으며 대출로 인한 이익이 크 다고 생각될 때 취할 수 있는 방법입니다. 이렇게 하면 9년 후에 도 대출은 1억 원 그대로이지만 노후자금 1억 원을 확보하게 되 어 자산이 2억이 된다. 노후자금 1억 원으로 대출을 상환해도 되지만, 2억 원의 자산을 적절히 활용하면 추가 수익을 기대할 수 있게 됩니다. 예를 들어 부동산 대출이었다면 부동산을 적절한 시기에 팔아 매각차익을 얻을 수 있고, 대출만기를 연장하고 현금자산 1억 원을 연금상품에 넣어 절세와 연금이라는 두 마리 토끼를 잡을 수도 있습니다.

이처럼 대출은 자신의 상황에 맞추어 상환방법을 선택해야 합니다. 독자님이라면 어떤 선택을 하는 것이 유리한지 생각하기를 바랍니다. 이자부담 능력, 대출금리 수준, 대출로 인한 이익을 고려하여서 판단하면 됩니다. 대출이자 내는 것이 생계에 큰 영향이 없다면 100만 원 모두 노후자금 마련에 집중하는 것이 유리합니다. 매월 대출이자가 생계에 부담이 될 정도로 크다면 대출상환이 더 우선입니다. 고금리 상황이라면 대출상환이 우선이고, 저금리 상황이라면 노후자금 마련이 더 낫습니다. 그리고 대출로 인한 이익이 크면 100만 원 모두 노후자금을 마련하는 것이 나을 것이고, 대출로 인한 이익이 적다면 대출상환이 우선일 것입니다.

돈 걱정 없는 노후를 위한 은퇴세팅법

퇴직 후 쉬기만 하고 싶은데…
그럴 수 있을까?

퇴직 6개월 차 K씨는 이렇게 하소연합니다. "퇴직하고 몇 개월을 쉬었더니 안 되겠어요. 재취업을 하던지, 뭐라도 수입이 있어야 할 것 같아요. 매일 아내의 눈치만 보게 됩니다. 여기저기 알아보니 일자리가 가끔 나오는데 급여가 예전 직장에 비하면 형편없어요. 나이 어린 상사를 모셔야 하는 것도 쉽지 않을 것 같아 다녀야 할지 말아야 할지 고민입니다. 그리고 빡세게 일해야 하는 직장생활은 더 하라고 해도 못 하겠어요. 지금까지는 일만 죽도록 했습니다. 이제 여가생활도 누리고 싶거든요. 어떻게 하면 좋을까요?"

그렇습니다. 직장 퇴직한 후에는 돈을 번다는 것이 쉽지 않습니다. 하지만 다행인 것은 퇴직 전보다 지출은 적어졌고, 그동안 나오지 않았던 연금이 나올 것입니다. 그러기에 예전보다 수입이 좀 적어도 살 수 있다는 점입니다. 예를 들어 퇴직 전에는 매월 500만 원을 벌어야 했다면, 퇴직 후에는 지출이 적어지니 매월 300만 원만 있어도 됩니다. 300만 원 중 연금으로 150만 원 들어온다면 한 달에 150만 원만 벌면 됩니다. 퇴직 전보다는 부담이 훨씬 적지요.

그렇지만 퇴직 후에도 들어갈 돈이 많습니다. 자녀가 아직 졸업하지 않았다면 여전히 부양해야 하고, 혹시라도 건강이 나빠지면 병원비가 부담될 수 있습니다. 각양각색의 이유로 대부분은 퇴직자들은 퇴직 후에도 소득활동을 하고 있습니다. 직장 다닐 때는 얼른 퇴직해서 일 안 하고 여행이나 하면서 여유 있게 살고 싶었을 것입니다. 퇴직을 한 후 몇 달은 만나고 싶은 사람도 만나고, 여행도 하고, 실컷 잠도 자고⋯ 이런저런 방식으로 신나게 보내기도 합니다. 하지만 그것도 몇 달 지나면 힘들어집니다. 매일 같이 놀아줄 친구도 없고, 매달 여행을 가는 것도 쉽지 않습니다. 집에 할 일 없이 있는 것도 눈치 보이기 시작합니다. 그래서 돈이 필요하든 그렇지 않든 퇴직자의 대부분은 또 다른 일자리를 찾게 됩니다. 보험개발원이 발표한 '2023 은퇴시장 리포트'에 의하면, 실제로 우리나라 50대 은퇴가구는 퇴직 후에도 월평균 259만 원 정도의 돈벌이를 하고 있다고 합니다. 퇴직 후 소득활동을 위해서는 2가지를 고려해야 한다고 봅니다.

첫째, 은퇴 전 경력을 활용할 수 있는 일을 하는 것이 좋습니다. 은퇴 후 자기 경력과는 전혀 관계가 없는 일을 했다가 마음고생만 하는 분들도 많습니다. 전혀 해 보지 않았던 장사를 했다가 크게 손해 보는 경우도 다반사입니다. 설령 처음에는 수입이 적더라도 자기 경력이 활용될 수 있는 곳에서 수입을 창출하기 시작하면, 실패 가능성이 적고, 시간이 갈수록 수입이 높아질 가능성은 큽니다.

퇴직 전 금융기관에서 근무했던 저는 금융 경력과 지식을 활용하여 금융 및 투자에 관한 책을 쓰고 강의를 하면서 소득을 창출하고 있습니다. 고등학교 졸업 후 30여 년 우편집배원을 했던 저의 지인은 퇴직 후 택배사업으로 안정적인 수입원을 만들고 있습니다. 이와 같이 은퇴 전 경력을 활용하는 소득활동이 가장 안정적이고 실패 가능성이 적습니다.

둘째, 자신의 역량 중 제일 잘하는 것을 하는 것이 좋습니다. 대부분 직장인은 직장생활에 바빠서 혹은 가족부양에 힘쓰느라 자신이 잘하는 것을 묻어버리는 경우가 많습니다. 저는 어렸을 때 붓글씨에 재능이 있어 학교 대표로 서예대회에 나가곤 했습니다. 하지만 20여 년 직장생활을 하는 동안에 붓글씨를 쓴 적이 한 번도 없었습니다. 그런데 퇴직 후 붓글씨 재능을 살려 캘리그라피를 시작했습니다. 좋은 취미생활이기도 하고, 캘리그라피가 있는 달력이나 컵 등을 제작하여 네이버 스마트스토어에서 팔기도 했습니다. 이와 같이 퇴직 후 생활이 행복해지려면 그동안 잊고 있던 자신의 재능을 찾아내고, 그것을 바탕으로 소득활동을 하는 것이 좋다고 생각합니다.

인생 2막을 위한 1년 차
신입직원이 됩시다!

퇴직 후 1년 차 J씨는 "소득이 적어지니 마음이 불안하고… 어떻게 살아야 할지 걱정입니다. 이자로 살아도 될 만큼 목돈이 없어서 퇴직 후에도 많이 벌어야 할 것 같다는 생각이 드는데 방법이 없을까요?"라며 주눅이 들어 있습니다.

물론 이자로 살 만큼 노후자금을 많이 모아놓았다면 경제적인 걱정은 없었을 것입니다. 금융회사에서는 '노후자금으로 5억을 마련해야 한다, 10억을 마련해야 한다.'라며 독려합니다. 하지만 5억, 10억을 노후자금으로 모아놓은 분 중에서도 그것을 노후자금으로 쓰지 못하고 깨 먹는 경우가 많습니다. 퇴직 후 사업하다가 날리는 예도 있고, 자녀들 결혼자금으로 써 버리는 예도 있고, 주식투자 했다가 큰 손해로 반토막이 되기도 합니다. 5억, 10억 노후자금을 마련했다고 하여도 이러저러한 사유로 그 자금을 지키지 못하는 경우가 많습니다.

그러니 어찌 보면 억대의 노후자금을 마련한 사람이나 그렇지 못한 사람이나 별반 다를 것이 없습니다. 10억 원 노후자금보다 더 중요한 것은 꾸준한 소득활동으로 매월 100만 원이라도 꾸준한 수입이 생기도록 하는 것입니다.

<표9> 매월 소득활동의 자산효과[예시]

예금	이자율	연이자	월이자 (월소득활동)
1억원	3%	3,000,000	250,000
2억원	3%	6,000,000	500,000
3억원	3%	9,000,000	750,000
4억원	3%	12,000,000	1,000,000
5억원	3%	15,000,000	1,250,000
6억원	3%	18,000,000	1,500,000
7억원	3%	21,000,000	1,750,000
8억원	3%	24,000,000	2,000,000
9억원	3%	27,000,000	2,250,000
10억원	3%	30,000,000	2,500,000

〈표9〉를 보십시오. 예금 5억 원이 있으면 매월 '125만 원'의 이자를 받을 수 있고, 예금 10억 원이 있으면 매월 '250만 원'의 이자를 받을 수 있습니다. 월수입 기준으로 관점을 달리해 볼까요? 매월 '125만 원'을 번다는 것은 5억 원 예금이 있는 것과 같습니다. 매월 250만 원을 번다는 것은 10억 원 예금이 있는 것과 같습니다. 5억 원이 없어도 매월 125만 원을 벌 수 있으면 5억 원이

있는 것과 같은 효과가 있습니다. 노후자산 관리 측면에서 볼 때, 5억 원은 있으나 월수입이 없는 사람보다 5억 원은 없어도 월수입이 있는 사람이 더 낫습니다. 그러니 5억, 10억이 없다고 주눅 들 것도 없습니다.

우리 주변을 한번 보십시오. 대부분 노후자금 5억, 10억이 없지만 다들 그런대로 잘 살아가고 있습니다. 퇴직 후에도 100만 원이든, 200만 원이든 계속 벌고 있기 때문입니다. 노후자금을 위해 5억, 10억을 모아놓는 것보다 더 중요한 것은 퇴직 후에도 매월 수입원이 되는 일거리를 만드는 것입니다. 평균수명이 길어지고 있기 때문에 60대에 회사에 퇴직하더라도 30년 이상 더 살게 될 것으로 보입니다. 그래서 퇴직은 인생 2막, 새로운 시작을 의미하기도 합니다.

저도 퇴직을 하고, 1인 기업 1년 차 신입직원이라는 마음으로 새로운 일을 시작했습니다. 벌써 9년 차에 접어들었는데, 이제는 매월 안정적인 수입원을 확보하게 되었습니다. 퇴직하면 누구나 회사라는 든든한 배경이 없으므로 혼자서도 소득을 올릴 방안이 있어야 합니다. 앞서 말씀드렸다시피 자기 경력을 활용하는 것이 가장 좋습니다. 퇴직하기 전부터 준비해야 인생 2막이 연착륙될 수 있습니다. 하지만 퇴직 후라고 해도 포기하면 안 됩니다.

퇴직 후에도 30년 이상 더 살아가야 하기에 지금 시작해도 늦지 않습니다. 늦었다고 생각할 때가 가장 빠른 때라는 말도 있지 않습니까? 과거는 이미 지나갔으니, 미련을 두지 마십시오. 미래를 기준으로 보면 '지금'이 내 인생 2막을 준비할 수 있는 가장 이른 시점입니다.

노후준비를 위한 체크리스트 및 평가

☑ 당신은 언제부터 노후준비를 시작하였습니까?

　① 30대　　　② 40대　　　③ 50대　　　④ 60대

① 30대에 시작했으면 매우 훌륭하고, ② 40대에 시작했어도 괜찮은 편입니다. 하지만 ③ 50대에 시작했다면 좀 늦은 편이므로 월 적립금액을 최대한 높여야 합니다. ④ 60대에 시작했다면 많이 늦은 편입니다. 지금이라도 월 적립금액을 최대한 높여야 할 뿐만 아니라 퇴직 후에도 소득을 높일 수 있는 일자리를 미리 준비해야 합니다.

☑ 당신이 현재 가입한 연금에는 어떤 것이 있습니까?

　① 국민연금　　　　　　② 국민+퇴직연금

　③ 국민+퇴직+개인연금　　　④ 국민+퇴직+개인+주택연금

① 국민연금 1개만 가입되어 있다면 노후생활이 매우 힘들게 됩니다. 국민연금만으로는 생활비를 충당할 수 없으므로 퇴직연금, 개인연금 등의 추가 가입이 시급합니다. ② 국민연금과 퇴직연금이 가입되어 있다면 최소한의 생활은 할 수 있으나 평균적인 수준의 생활은 힘들다고 볼 수 있으므로 개인연금을 추가로 가입하는 것이 유리합니다. ③ 국민연금, 퇴직연금, 개인연금에 가입하고 있다면 적정생활비 정도 확보할

수 있다고 봅니다. 안정적인 노후생활을 위해 최소 이 3가지 연금은 필수로 준비해야 합니다. ④ 국민연금, 퇴직연금, 개인연금뿐만 아니라 주택연금까지 활용한다면 좀 더 풍요로운 노후생활이 가능해집니다.

☑ 당신은 노후준비 상품을 얼마나 알고 있습니까?
　① 1개　　　② 2개　　　③ 3개　　　④ 4개 이상

노후준비 상품에는 연금저축, IRP, ISA, 노란우산공제, 비과세종합저축, 비과세저축성보험, 월배당 ETF 등 다양한 상품이 있습니다. ①②와 같이 한두 개 상품만 알고 있다는 것은 노후준비를 위한 상품정보가 매우 부족한 수준임을 의미합니다. ④ 노후준비상품은 각 상품마다 장점과 단점을 동시에 갖고 있기 때문에 자신의 상황에 맞는 상품을 선택하기 위해서는 모든 노후준비상품의 특징을 알고 있는 것이 유리합니다.

☑ 2024년 기준 평균 노후적정 생활비는 얼마나 될까요?
　① 약 100만 원　　　　② 약 200만 원
　③ 약 300만 원　　　　④ 약 500만 원

2024년 기준 평균 노후적정 생활비는 약 300만 원 내외입니다. 개인의 노후적정생활비는 각자의 소비수준 및 취향에 따라 각각 다를 수밖에 없습니다. 다만, 평균 노후적정생활비를 기준으로 가감하여 자신의 노후생활비를 책정하는 것이 바람직해 보입니다.

☑ 당신은 노후에 받게 될 연금이 얼마인지 알고 있나요?

　① 전혀 모른다　　　　② 대충 안다

　③ 정확한 수치로 안다

노후에 받을 연금이 얼마인지를 알아야 그 연금이 적정노후생활비 대비 충분한지 부족한지 알아야 합니다. 구체적인 연금수령액은 인터넷 포털 네이버(Naver)에서 검색어 "내 연금 조회" 쓰고 클릭하면 '금융감독원 통합연금포털'에 들어갈 수 있습니다. 통합연금포털에서 간편인증을 거친 후 '자신의 나이별 연금수령액'을 정확한 수치로 확인할 수 있습니다. 조회가 가능한 연금은 국민연금, 퇴직연금, 개인연금, 주택연금 등입니다.

☑ 당신이 지금 보유한 자산 중 부동산의 비중은 얼마나 됩니까?

　① 75% 초과　② 60~75%　③ 50~60%　④ 50% 미만

대부분 선진국의 가계자산 중 부동산비중은 50% 미만이고, 금융자산 비중은 50% 이상입니다. 그런데 우리나라 가계는 부동산 76%, 금융자산 24%로 불균형적인 자산구조를 띠고 있습니다. 우리나라의 경우 노후가 될수록 소득이 적어지기 때문에 부동산 비중은 줄이고, 현금화할 수 있는 금융자산의 비중을 높이는 것이 좋습니다. 따라서 가능하면 부동산과 금융자산의 비중을 50:50으로 맞추어 가는 것이 합리적이라고 봅니다.

☑ 당신은 퇴직 후 매월 얼마나 벌 수 있습니까?

    ① 월100만 원   ② 월200만 원

    ③ 월300만 원   ④ 월400만 원 이상

우리나라 50대 은퇴가구의 평균 월 소득은 259만 원(2024년 기준)으로 조사되었습니다. 연금이 있다고 하더라도 연금만으로는 여유 있는 노후생활을 하기에 부족한 경우가 많습니다. 또 노후에 일을 하지 않고 놀기만 하는 것도 지루합니다. 따라서 월 300만 원 내외(부부기준)의 소득활동을 하는 것이 좋다고 생각합니다. 한 가지 주의할 점은 소득이 많으면 국민연금이 감액 될 수 있습니다(자세한 내용은 후술함).

Part 2

월급세팅

은퇴준비,
어떻게 시작해야 할지
막막하다면?

Chapter 01

월급이 통장에 들어오는 순간 사라진다. 어디 갔을까?

월급쟁이 부자의 비결은 바로 이것!

　노후준비의 시작은 월급을 어떻게 관리하느냐가 핵심입니다. 직장인이라면 월급관리만 잘해도 돈 걱정 없는 노후를 만들 수 있습니다. 하지만 대한민국 직장인은 아침부터 저녁까지 바쁩니다. 월급날 기뻐야 하는데 오히려 슬픈 것은 왜일까요? 통장에 월급 들어오기가 무섭게 카드대금, 대출이자가 빠져나가고 나면 찾을 돈이 별로 없습니다. 어떤 달은 마이너스일 때도 있죠. 올해 전기료가 오른다, 대출금리가 오른다고 하면 가슴이 덜컥 내려앉고, 직장도 언제까지 다닐 수 있을지 불안하기만 합니다. 직장인들도 부자를 꿈꿉니다. 하지만 내 월급만으로는 막막하기만 합니다. 내 돈이 확 불어났으면 좋겠는데 그게 쉽지가 않죠.

　제가 직장인을 대상으로 강의할 때 "월급쟁이 부자는 ○○을 잘한다!" 여기서 "○○에 들어갈 단어는 무엇일까요?"라고 질문한 적이 있습니다. 독자님은 ○○에 들어갈 단어가 무엇이라고 생각하시나요? ○○에 들어가는 단어로 제가 들은 답변에는 이런 것들이었습니다. 절약, 저축, 노력, 실천 등등. 특이한 대답은 '월급쟁이 부자는 게임을 잘한다!'라는 답변도 있었습니다. 저는 게임을 잘 모르지만, 요즘 게임을 통해서 돈 벌 수 있는 것이 많다고 하네요. 그런데 제가 생각하는 월급쟁이 부자는 '세팅'을 잘한다고 생각합니다. 세팅을 잘하는 사람이 노후준비도 잘할 수 있다고 자신 있게 말할 수 있습니다.

제가 20년 동안 금융기관에 근무하면서 만난 고객을 대충 헤아려보니 1만여 명 정도 되는데요. 제 고객 중 돈을 잘 모으고 잘 굴리는 사람들은 '세팅'을 잘했습니다. 제가 다녔던 회사는 출근이 오전 8시로 세팅되어 있었습니다. 전날 밤 술을 많이 먹었어도 8시까지 출근합니다. 늦잠 자고 싶어도 억지로 일어나 8시까지 출근합니다. 심지어는 몸이 아플 때도 8시까지 출근합니다. 왜 꼭 8시까지 출근할까요? 출근시간이 8시까지로 세팅되어 있기 때문이죠. 출근시간이 8시로 세팅되어 있기 때문에 아무리 어려운 일이 있어도 8시까지 출근하게 되는 것입니다. 대부분의 사람들이 돈을 모으고 불리는 것이 힘들다고 합니다. 하지만 돈도 '세팅'해 놓으면, 매일 8시 출근하는 것처럼 반드시 지키는 일상이 되고, 그것이 쌓이면 부자가 됩니다. 돈을 모으고 불리는 것과 관련해서도 '세팅'하는 것이 필요합니다.

돈 걱정 없는 노후를 위한 은퇴세팅법

부자가 되고 싶다면
'돈 관리 통장 3개'를 만드십시오!

　매달 월급으로 받는 돈을 독자님은 잘 모으고 있습니까? 만약에 그렇지 못하다면 '통장세팅'이 되어있지 않기 때문입니다. 직장인이든 자영업자이든 부자가 되기 위해 만들어야 할 가장 먼저 해야 할 것은 '통장세팅'입니다. 제가 금융기관 직원으로 근무하면서 월급쟁이 부자를 종종 접할 수 있었는데요. 그들의 공통된 특징 중 하나가 바로 통장세팅을 잘 한다는 것이었습니다. '통장세팅'은 돈 관리 통장 3개를 만드는 것입니다. 하늘에서 돈이 뚝 떨어지지 않는 한 부자가 되는 방법은 딱 세 가지뿐입니다. 첫 번째 방법은 수입을 늘리는 것, 두 번째 방법은 투자(저축 포함)를 늘리는 것, 세 번째 방법은 지출을 통제하는 것입니다. 이 세 가

<표10> 부자를 만들어 주는 통장세팅

지를 어떻게 관리하느냐에 따라 부자가 되느냐, 되지 않느냐가 결정되는 것이지요. 그리고 통장은 이 세 가지 목적에 맞게 3개의 통장으로 나누어 관리해야 합니다.

월급통장 하나로 돈 관리하는 분들은 돈을 잘 모으지 못합니다. 왜냐하면 월수입이 정확하게 얼마나 되는지, 매월 얼마나 투자(또는 저축)하는지, 매월 얼마나 지출하는지 등을 정확하게 파악하기 어렵기 때문입니다. 이들은 돈을 제대로 세팅할 줄 모르기 때문에 매달 월급을 받아도 돈이 쌓이지 않는 경우가 많습니다. 직장인이 돈을 잘 모으고 불리기 위해서는 3개의 통장, 즉 수입통장·투자통장·지출통장으로 분리하여 그 목적에 맞게 관리하는 것이 필요합니다. 그리고 프리랜서 또는 자영업자라서 월 수지가 불규칙적이라면, 월수입이 적거나 없을 때 쓸 수 있는 예비통장을 하나 더 만들어 '4개의 통장'으로 관리하는 것이 좋습니다.

돈 관리 통장 3개는 입출금이 자유로운 것 중에서 은행계좌(ex.보통·예금계좌)를 이용해도 되고, 증권사 계좌(ex. CMA계좌)를 이용해도 됩니다. 조금이라도 이자를 더 받으려면 은행 보통예금 계좌보다 증권사 CMA계좌가 더 유리합니다. 하지만 편리성 면에서는 은행계좌가 더 유리합니다. 저의 경우에는 수입통장·투자통장·지출통장은 인터넷은행 계좌를 이용하고 있고, 예비통장은

CMA계좌를 이용하고 있습니다. 어디를 이용해도 큰 차이는 없으니, 여러분이 편리한 금융기관을 이용하면 됩니다.

Chapter 02

돈을 모으고,
불리는 확실한 방법은?

저의 학창시절을 돌이켜 보면, 집에서는 공부가 잘되지 않았습니다. 특히 시험 전날에 집에서 공부하다 낭패를 겪기도 했었지요. 공부하다가 10분만 쉬었다 하려고 했는데, 어영부영 2시간이나 놀아버립니다. 조금 공부하다가 허기가 져서 라면 끓여 먹고 꾸벅꾸벅 졸다가 결국 잠이 들어버립니다. 깨어나 보면 이미 아침! 시험시간이 1시간밖에 안 남았습니다. 이번 시험에선 꼭 1등을 해보겠다는 '의지'로 계속 책을 붙들고 있었으나, 정작 시험공부는 제대로 못 한 채 시험을 보곤 했습니다. 그럴 때마다 시험결과는 좋지 않았습니다. 어느 날 1등 하던 친구를 따라 시립도서관에서 함께 시험공부하게 되었습니다. 모두 다 공부하고 있으니 나도 열심히 하게 되더군요. 유혹하는 것들이 없고 공부에만 집중할 수 있는 '상황'이 그렇게 만든 것이지요. 시험결과도 좋았습니다. 1등 하겠다는 '의지'를 다지는 것보다 1등 할 수밖에 없는 '상황'을 만드는 것이 더 현명한 것으로 생각합니다.

돈을 모으고 불리고 부자가 되는 것도 마찬가지입니다. 부자가 되겠다는 '의지'보다 부자가 될 수 있는 '상황'을 만드는 것이 필요합니다. 누구나 돈을 모으고 싶은 '의지'는 있습니다. 돈을 불리고 싶은 '의지'도 있습니다. 부자가 되고 싶은 '의지'도 있습니다. 그런데도 이루지 못한 이유는 돈을 모을 수 있는 '상황'을 만들지 않았기 때문입니다.

그렇다면 부자가 될 수 있는 '상황'은 어떻게 만들 수 있을까요? 바로 '월급세팅'에 해답이 있습니다. 월급세팅이란 수입·투자·지출의 비중을 미리 정하고, 정한 대로 실행하는 자산증식 시스템입니다. 월급세팅은 돈을 모으고 불릴 수밖에 없는 상황을 만드는 것입니다. 한번 세팅해 놓으면 최소 1년, 길면 평생토록 써먹을 수 있습니다. 제가 단계별로 알려드릴 것이니, 독자님도 펜과 메모지를 준비하시고 자신만의 월급세팅을 만들어 실행해 보기 바랍니다. 저의 과거 사례를 예로 들어 알려드릴 테니, 독자님은 자신의 상황을 고려하여 월급세팅 하면 됩니다. 제가 예시하는 것과 똑같이 해도 되고, 독자님의 현실에 맞게 좀 다르게 해도 됩니다. 일단 한번 시작해 볼까요?

<표11> 월급세팅 3단계

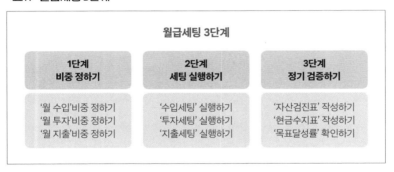

월급세팅의 1단계는 수입·투자·지출의 비중을 정하는 단계입니다. 매월 정할 필요는 없고, 월급세팅을 시작하는 때에 한 번만

정하면 됩니다.

저는 월 수입비중은 '월급의 120%'로 정했습니다. 월급 외에 투잡으로 월급의 20% 정도를 추가로 버는 것을 목표로 잡았습니다. 월급만으로는 부자가 될 수 없습니다. 독자님도 지금 받는 월급보다 10~20% 더 높게 수입비중을 정하기를 바랍니다. 그리고 매월 들어오는 수입은 모두 '수입통장'에 집중시켜 관리합니다.

월 투자비중은 '월수입의 40%'로 정했습니다. 우리나라 평균 투자(저축 포함)비중은 25% 정도인데요. 부자가 되려면 월수입의 40% 이상 투자(저축 포함)해야 합니다. 월수입의 40%를 투자(저축 포함)한다는 것이 물론 쉽지 않은 일입니다. 자녀 학비, 외식비, 품위 유지비 등을 줄이고 또 줄여야 가능합니다. 난관이 있더라도 목표는 그렇게 잡아보십시오. 매월 투자(저축 포함)하기로 한 금액은 수입통장에 들어온 돈의 40%를 빼서 '투자통장'에 이체하여 관리합니다.

월 지출비중은 '월수입의 60%'로 정했습니다. 매월 지출금액은 수입통장에서 월수입의 60%만 빼서 '지출통장'에 이체하여 관리합니다. 그리고 지출통장에 입금된 범위 내에서만 소비합니다. 이처럼 자신이 정한 수입·투자·지출의 비중에 맞게 수입통장·

투자통장·지출통장에 돈이 입금될 수 있도록 노력해야 합니다. 독자님도 자신의 현실을 감안하여 월 수입·월 투자·월 지출의 비중을 지금 정해 보십시오.

월급세팅을 위한 나의 목표비중 정하기

나의 월 수입비중 : 월급의 (　　)%
나의 월 투자비중 : 월 수입의 (　　)%
나의 월 지출비중 : 월 수입의 (　　)%

월급세팅의 2단계는 1단계에서 정한 수입·투자·지출의 비중에 맞게 실행하는 것입니다. 즉, 목표비중에 맞게 직접 실행하는 단계로 수입세팅, 투자세팅, 지출세팅으로 구분할 수 있습니다. 제가 실행했던 세팅방법을 알려 드릴 테니 참고하시기 바랍니다.

수입세팅은 1단계에서 정한 수입 비중 목표인 월급의 120%를 달성하기 위한 세팅인데요. 이를 실행하기 위해 저는 투잡을 했습니다. 직장 퇴근 후 그리고 주말을 이용하여 책을 쓰고 강의를 다녔습니다. 초창기에는 수입이 적었지만, 꾸준히 하면서 수입이 늘어났고, 직장 퇴직할 때는 투잡으로 하는 일에서 월급 수준의 수입이 생기게 되었습니다.

투자세팅은 월수입의 40%를 투자하기 위한 것입니다. 월급날 또는 돈 들어오는 날에 들어온 돈의 40%는 그 즉시 펀드계좌로 '자동이체' 되도록 설정하였습니다. 다른 데 쓰이기 전에 투자(저축 포함)가 먼저 되도록 하기 위함입니다.

지출세팅은 월수입의 60%만 쓰기 위한 것으로 이를 지키기 위해 체크카드를 주로 활용하였습니다. 이를 위해 지출통장에 월수입의 60%만 입금합니다. 그리고 지출통장을 결제계좌로 지정한 체크카드를 만듭니다. 체크카드는 지출통장에 입금된 금액까지만 쓸 수 있으므로 충동소비를 통제할 수 있습니다.

월급세팅을 위한 나의 실행방법 정하기

수입세팅 실행방법 : (ex. 쇼핑몰 운영수입, 강사료,   )
투자세팅 실행방법 : (ex. 매달 25일 ETF 자동이체 등록,   )
지출세팅 실행방법 : (ex. 체크카드만 사용,   )

10년 후 퇴직할 예정인 H씨가 월급세팅 한 사례를 하나 들어 보겠습니다. 그의 사례를 순서대로 보면서 독자님의 월급도 세팅해 보기 바랍니다. 아래 〈표12〉를 참조하면서 통장세팅→수입세팅→투자세팅→지출세팅 순으로 하면 됩니다.

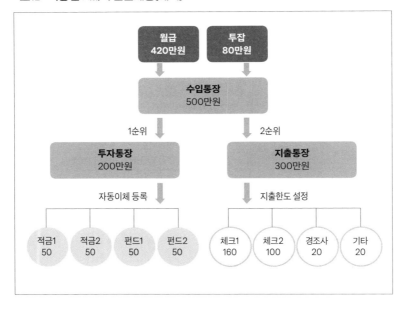

① 통장세팅

H씨는 월급세팅 교육을 받았습니다. 그리하여 우선 자신의 수입·투자·지출을 효율적으로 관리하기 위하여 S은행에서 〈수입통장〉, 〈투자통장〉, 〈지출통장〉을 만들었습니다.

② 수입세팅

중견기업에 근무하는 H씨의 이달 월급은 420만 원입니다. 월급만으로 노후자금을 충분하게 마련할 수 없어, 아내와 함께 스마트스토어에서 쇼핑몰을 운영하고 있는데, 이번 달에는 80만 원의 추가수입을 만들었습니다. 월급과 투잡수입을 모두 〈수입통장〉에 모두 넣었더니 500만 원이 되었습니다.

③ 투자세팅

H씨는 수입통장에 들어온 500만 원의 40%인 200만 원은 〈투자통장〉으로 이체시켰습니다. 투자통장에 들어온 200만 원으로 적금계좌 2개에 각각 50만원씩, 펀드계좌 2개에 각각 50만 원씩 '자동이체' 되도록 설정해서 매월 자동 적립되도록 하였습니다.

④ 지출세팅

수입통장에 남아있는 300만 원을 〈지출통장〉에 이체시킵니다. 투자하고 남은 돈 300만 원이 이달 지출할 수 있는 돈입니다. 그 300만 원으로 체크카드 결제, 경조사비 등으로 사용합니다. 모든 지출은 300만원 범위 내에서만 합니다.

이처럼 하는 것이 월급세팅입니다. 오전 8시 출근세팅이 되어 있으면 언제나 성실하게 8시까지 출근합니다. 마찬가지로 위와 같이 월급세팅이 되어있으면, 언제나 성실하게 월급을 제대로 관리하게 됩니다. 여기서 핵심은 투자통장에서 자동이체를 설정하여 돈이 들어오면 바로 적립되도록 하는 '상황'을 만들어버리는 것입니다. 그리하면 쓰고 싶어도 못 쓰는 상황이 되니, 지출이 절제되고 투자는 늘어납니다. 예컨대 술 먹고 싶다고 자동이체로 적립되고 있는 펀드계좌를 해약하지는 않을 테니까요. 그뿐만 아니라 매월 자동이체로 돈이 쌓이니까 시간이 갈수록 돈이 불어납니다.

지출도 마찬가지입니다. 수입통장에 돈이 들어오면 지출 먼저 하고 남은 돈으로 투자하는 것이 아닙니다. 투자통장에 목표한 금액을 먼저 입금하고 나머지 돈을 지출통장에 입금하여 그 범위 내에서만 지출하도록 하는 '상황'을 만드는 것입니다. 신용카드는 충동소비를 유발하기 쉽습니다. 그러므로 지출통장에 들어 있는 돈 범위 내에서만 쓸 수 있도록 '체크카드'만 사용하는 것이 유리합니다. 돈을 모으고 불리는 것은 '의지'만으로는 되지 않습니다. 어떤 경우에도 돈을 모으고 불릴 수밖에 없는 '상황'을 만들어야 합니다. 월급세팅은 바로 그 '상황'을 만들어주는 자산증식 시스템이라고 볼 수 있습니다. 아직도 월급세팅하고 있지 않다면, 지금 당장 기술한 순서대로 월급세팅부터 하십시오!

Chapter 03

매일 가계부는 못 써도
매월 한번
이것만은 쓰자!

건강검진은 받으면서
자산검진은 왜 안 하세요?

'소 잃고 외양간 고친다'라는 속담이 있습니다. 준비를 소홀히 하고 있다가 실패한 후에 후회하고 수습해 봐야 소용없다는 것이지요. 대부분의 사람들이 이 속담을 알고 있지만, 이 속담처럼 행동하는 경우가 많습니다. 공부해야 할 학생들이 공부하지 않다가 시험결과를 보고 후회합니다. 운동해야 할 직장인이 책상에 앉아 있기만 하다가 비만이 된 뒤에야 운동을 시작합니다. 몸이 안 좋은데도 일만 하다가 어느 날 갑자기 응급실에 실려 가기도 합니다.

자산관리도 마찬가지입니다. 아프기 전에 건강검진 하듯, 신용불량 되기 전에 자산검진부터 해야 합니다. 소 잃기 전에 외양간을 고쳐야 하듯, 더 나빠지기 전에 당신의 자산검진부터 해야 합니다. 정기적으로 건강검진 하듯, 정기적으로 자산검진도 필요합니다. 자산검진은 자산에 '이상신호가 오기 전'에 점검하는 것입니다. 자산검진 결과를 기준으로 당신의 가계가 건전한지 그렇지 않은지를 판단할 수 있고, 무엇을 더 준비해야 하는지 알 수 있습니다.

자산검진을 위해 한 달에 한번 해야 할 것이 있습니다. 바로 월계부 작성입니다. 가계부를 매일 쓰는 것은 여간 어려운 일이 아닙니다. 저는 가계부 대신 '월계부'를 씁니다. 월계부는 매일 쓰는 것이 아니라 한 달에 한 번만 쓰면 됩니다. 월계부에는 '자산검진표'와 '현금수지표'가 있는데, 처음 쓸 때는 30분 정도 걸리는데 계속하다 보면 10분이면 쓸 수 있습니다.

자신의 자산이 얼마나 되는지 아십니까? 정확히 모르는 분들이 많습니다. 특히 아내에게 모든 자산관리를 맡기고 직장 일에만 전념하는 남편들은 더욱 모릅니다. 소득이 있는 사람이라면 자산이 어떻게 구성되었는지, 얼마나 있는지, 자신의 목표금액 대비 얼마나 달성되었는지 등을 알아야 합니다. 이것을 일깨워 주는 것이 바로 '자산검진표'라고 할 수 있습니다. 먼저 〈표13〉을 보면서 자산검진표 쓰는 방법부터 알아보겠습니다. 독자님도 자신의 자산검진표를 작성한다는 생각으로 보셨으면 좋겠습니다.

자산검진표는 왼쪽에는 금융자산과 실물자산을 기재하고, 오른쪽에는 부채와 순자산을 기재합니다. 그리고 그 밑에 목표자산 및 목표기간, 달성률 등을 적어두면 더 좋습니다. A씨의 자산검진표를 항목별로 보면서 알아보겠습니다.

<표13> 40세 직장인 A씨의 자산검진표(예시)

자산				부채&순자산			
항목		평가금액	비율	항목		평가금액	비율
금융자산 2억원 (25%)	예적금	1억원	13%	부채 3억원 (37%)	A은행 대출	2억원	25%
	펀드	8천만원	10%		B은행 대출	1억원	12%
	주식	2천만원	2%				
	기타	-					
실물자산 6억원 (75%)	주택	6억원	75%	순자산 (63%)	순자산	5억원	63%
	토지	-					
	기타	-					
자산		8억원	100%	부채&순자산		8억원	100%

목표자산 : 10억원　목표기간 : 20년(60세까지)　달성률 : 50%

첫째, 금융자산 항목에는 금융회사에서 가입한 금융상품의 금액을 쓰면 됩니다. 은행 또는 증권사 등에서 가입한 금융상품(예금, 펀드, 주식 등)의 평가금액을 항목별로 입력하면 됩니다.

둘째, 실물자산 항목에는 부동산·금·그림·농산물 등 실체가 있는 물건의 평가액을 입력하면 됩니다. 실물자산의 대부분은 부동산이 될 것입니다. 전세보증금(또는 임차보증금)은 엄밀히 말하면 실물자산이 아니지만, 향후 주택자금에 충당될 것이므로 실물자산에 포함해 주시기를 바랍니다.

셋째, 부채 항목에는 향후 갚아야 하는 모든 빚을 기재하면 됩니다. 금융회사에서 대출받은 금액뿐만 아니라 개인적으로 지인에게 빌린 돈도 포함됩니다. 집주인으로서 임차인에게 받은 보증금도 빚에 해당합니다.

넷째, 순자산 항목은 건건이 입력할 필요 없이 자산에서 부채를 뺀 수치를 입력하면 됩니다. 자산과 순자산은 구분할 줄 알아야 합니다. 자산은 순수한 자기 자산에 부채를 합한 금액입니다. 반면에 순자산은 자산에서 부채를 뺀 순수한 자기 자산을 의미합니다.

다섯째, 하단의 목표자산과 목표기간은 A씨가 노후 준비를 위해 스스로 정한 것입니다. 독자님도 자산검진표를 작성하면서 자신의 노후준비를 위해 얼마나 필요하고 언제까지 달성할 수 있는지를 대략이라도 잡아보아야 합니다.

A씨가 작성한 자산검진표를 보면서 검진결과를 보겠습니다. 건강검진표를 해석할 때 기준을 벗어나면 위험하다고 판단합니다. 예를 들어 혈압의 정상 기준은 120-80인데, 나의 혈압

이 180-100으로 측정되었다면 건강상 위험하다고 판단하게 됩니다. 자산검진표를 볼 때도 이와 같은 기준을 알고 판단해야 합니다. 이제 A씨가 작성한 자산검진표를 보면서 검진기준에서 벗어나 위험신호가 나타나는 것은 없는지 알아보도록 하겠습니다. 그리고 기준에서 벗어나 위험신호가 있다면 그에 대응하는 조치를 마련하여야 합니다.

첫째, 노후준비 자산항목을 검진할 때 검진기준은 금융자산과 실물자산의 비중이 50:50으로 서로 균형이 맞는지를 체크하는 것입니다. 왜냐하면 노후에는 소득이 적은데 지출은 계속 많아지기 때문에 바로 현금화할 수 있는 금융자산의 비중이 50% 이상인 것이 좋습니다. 그런데 A씨의 경우 금융자산의 비중이 25%에 불과하므로 자산의 불균형이 심하다고 할 수 있습니다. 다만, A씨가 지금 40세에 불과하고 퇴직을 60세로 잡고 있습니다. A씨는 아직 20년이라는 기간이 남아있기 때문에 매년 1%씩 금융자산의 비중을 높여서 60세에는 목표기준을 달성하기로 설정하였습니다.

둘째, 노후 부채항목을 검진할 때 검진기준은 부채총액을 자산의 30% 이하로 맞추는 것이 좋습니다. A씨는 자산 8억 원 중 3억 원이 부채이므로 부채비율은 37%로 기준보다 7% 초과하였

돈 걱정 없는 노후를 위한 은퇴세팅법

습니다. 그래서 A씨는 기준을 초과한 7%에 해당하는 금액을 3년에 걸쳐 상환하는 계획을 세웠습니다. 그러나 은행대출이 원리금 분할상환 방식인 분은 매월 일부씩 원금이 상환되므로 조기상환을 신경 쓰지 않아도 됩니다.

셋째, 자산에서 부채를 뺀 '순자산'은 우리나라 50대 평균자산을 기준으로 체크하면 됩니다. 최근 50대 평균순자산은 5억 원원 정도 됩니다. 50대가 될 때까지도 순자산이 5억 원 이하라면 평균 이하이므로 자산증식에 좀 더 적극적이어야 합니다. 반면 5억 원을 초과한다면 좀 더 여유 있는 노후준비를 위해 연금자산을 중심으로 불려 나가는 것이 좋습니다. A씨는 40대에 이미 평균 수준에 근접하고 있으므로, 향후에는 목돈 마련보다는 노후에 연금형태로 지급되는 상품의 비중을 높여가기로 했습니다.

넷째, 목표자산과 기간을 감안하여 목표 대비 얼마나 달성했는지 체크해야 합니다. A씨의 경우 60세까지 목표자산이 10억 원인데 현재 5억 원이므로, 아직 5억 원이 부족한 상태입니다. 그래서 A씨는 60세까지 부족액 5억 원을 더 만들기 위해 매달 얼마씩 적립해야 하는지를 알아보았습니다. A씨가 금융회사 사이트에 있는 '연금계산기'에 활용하여 계산해 보니, 매월 123만 원(연 5%기준)씩 적립해야 합니다. 현재 기준 A씨의 매월 납입액은 100만 원입니다. 매월 2만 원씩 늘려서 1년 후에는 매월 123만 원씩 넣을 수 있도록 준비하기로 했습니다.

이번 달 나는 네가 한 일을 알고 있다!

독자님은 이번 달 얼마나 썼는지 정확히 알고 있습니까? 제가 상담하는 과정에서 물어보면 의외로 얼마나 썼는지 모르는 분들이 많습니다. 심지어는 생각 없이 신용카드를 많이 사용하여 번 돈보다도 더 많이 쓰는 분도 있습니다. 이런 분들의 미래는 암울합니다. 이제부터라도 매달 말일이 되면 '현금수지표'를 작성해 보십시오. 현금수지표란 한 달 동안 현금의 수입과 지출을 표로 만든 것입니다. 다시 말하면 한 달간 내 통장에 들어온 돈과 나간 돈이 얼마인지를 작성한 표입니다. 한 달 동안 들어온 돈(수입)과 나간 돈(지출)이 같아야 정상입니다. 하지만 한 달 수입보다 한 달 지출이 더 크게 되면 그달은 적자상태를 의미하는 것이니 좋지 않은 것이지요.

〈표14〉 40세 A씨의 현금수지표(예시)를 보시기 바랍니다. 항목별로 설명할 테니 여러분도 이것을 참조하면서 여러분의 수입과 지출을 작성해 보시기 바랍니다. 작성하기 전에 먼저 자신의 통장, 금융상품 계좌, 카드내역 등을 확인할 수 있는 자료를 모두 준비하셔야 합니다. 아직 준비가 안 되었다면 여러분의 기억력을 살려 대략이라도 작성해서 감을 잡기 바랍니다. 처음에는 약간

시간이 걸리지만 매달 하면 10분 이내에 작성할 수 있습니다.

<표14> 40세 직장인 A씨의 현금수지표[예시]

1월 현금 유입				1월 현금 유출			
항목		금액	비율	항목		금액	비율
주수입 (100%)	기본급	3,000,000	75%	투자 (22%)	고정 투자	적금	500,000	11%
	성과급	1,000,000	25%			펀드	500,000	11%
			0%				-	0%
		-	0%		변동 투자	주식	-	0%
		-	0%			ETF	-	0%
부수입 (0%)		-	0%	지출 (78%)	고정 지출	생활비	2,300,000	51%
		-	0%			대출이자	500,000	11%
		-	0%			보험료	500,000	11%
		-	0%		변동 지출	경조사비	100,000	2%
		-	0%			기타	100,000	2%
총수입 합계		4,000,000	100%	투자&지출 합계		4,500,000	100%

[목표] 주수입 : 부수입 = 80% : 20% 　　투자 : 지출 = 40% : 60%

　현금수지표를 작성할 때 현금유입항목은 주수입과 부수입으로 구분하여 작성합니다. 현금유출항목은 투자(저축 포함)와 지출(소비)로 구성하여 작성합니다. 하나씩 보면서 독자님도 따라 해 보기바랍니다. 일단 A씨의 1월 현금수지표를 보면서 각 항목의 의미를 알아보겠습니다.

첫째, 현금유입항목 중 〈주수입〉은 매달 '정기적'으로 들어오는 근로소득, 사업소득 등을 말합니다. 통상 직장인은 월급(근로소득)을 말하고, 자영업자는 한 달 동안 번 돈(사업소득)을 말합니다. 반면에 〈부수입〉은 주수입이 아닌 것으로, 매달 불규칙적으로 들어오는 소득을 말합니다. 예를 들어 투잡을 통해 번 돈, 알바 수입, 강의료 등이 여기에 속합니다.

둘째, 현금 유출항목 중 〈투자〉는 수입통장에서 돈이 나가더라도 없어지는 것이 아니라 금융기관 계좌에 돈이 적립되는 항목입니다. 투자(저축 포함)는 매월 특정금액을 적립하는 '고정투자'와 불특정 금액으로 적립하는 '변동투자'가 있습니다. 예를 들어 청약저축에 매월 20만 원씩 투자한다면 '고정투자'에 해당하고, 매월 20만 원씩 투자할 것은 아니지만 여윳돈이 생길 때마다 미국 ETF에 투자한다면 '변동투자'에 해당합니다. 반면에 〈지출〉은 수입통장에서 돈이 나가면 없어지는 소비를 말합니다. 지출에는 매월 특정금액으로 나가는 '고정지출'이 있고, 지출되는 금액이 변하는 '변동지출'이 있습니다. 예를 들어 고정금리 대출의 이자는 50만 원으로 고정되어 있으므로 고정지출에 해당하고, 경조사비로 나가는 돈은 매월 달라 특정할 수 없으므로 '변동지출'에 해당합니다.

A씨가 작성한 현금수지표를 보면서 검진결과를 점검해 보겠습니다. 자신만의 기준을 설정한 다음, 그 기준에 부합하는지를 체크해 보아야 합니다.

첫째, 적자여부를 확인합니다. A씨의 1월 현금유입은 400만 원인데, 1월 현금유출은 450만 원입니다. 50만 원이 적자입니다. 물론 투자항목 100만 원이 있어 실질적인 적자는 아니지만, 형식적 기준으로 보면 현금유출이 많으므로 적자입니다. 정상적인 현금수지의 기준은 현금유입과 현금유출이 같게 하는 것입니다. 따라서 A씨는 1월 현금수지표를 보면서 무엇 때문에 적자가 생겼는지 파악했습니다. 적자의 주원인이 생활비 과다사용이었기 때문에 생활비를 줄이기로 했습니다. 그리고 소득 대비 보험료가 많다고 생각하여 보험을 저렴하게 조정하기로 했습니다. 현금수지표를 작성해 보면 이 같은 적자원인을 파악하여 해결책을 만들 수 있습니다. 그리고 다음 달에는 적자가 나지 않도록 노력하게 됩니다.

둘째, A씨는 주수입과 부수입의 목표비중을 80:20으로 설정하였는데, 1월 현금유입을 보니 부수입은 0입니다. 목표기준에 부합하지 못했으므로 부수입으로 현금유입을 늘릴 방안을 마련해야 합니다. 예를 들어 주말을 이용하여 알바를 하든지, 퇴근

돈 걱정 없는 노후를 위한 은퇴세팅법

후 스마트스토어를 운영하는 등의 방법으로 부수입을 전체수입의 20%까지 끌어올리기로 했습니다. 당장 다음 달에는 최소 5% 정도 달성할 수 있는 계획을 세워서 실행하고, 시간이 갈수록 늘려 20%까지 달성할 수 있도록 액션플랜을 만들었습니다.

셋째, A씨는 투자와 지출의 목표비중은 40:60으로 설정했는데, 목표기준에 상당히 미달되었습니다. 1월의 투자비중은 22%, 지출비중은 78%로 목표기준 대비 심각하게 이탈했습니다. 목표기준을 맞추려면 투자비중을 높이거나 지출비중을 낮추어야 합니다. 이를 위해서 어떤 해결책이 있을까요? A씨는 투자자금을 늘리기 위해 아내와 함께 스마트스토어를 시작하기로 마음먹었습니다. 여기서 벌어들이는 모든 수입은 적립식펀드에 넣기로 했습니다. 그리고 생활비와 보험료를 10% 줄여서 연금상품에 가입하기로 했습니다. 오늘부터 시작하여 1년 후에는 투자와 지출의 목표비중인 40:60을 달성하기로 마음먹었습니다.

넷째, A씨는 변동투자가 전혀 없습니다. 고정투자뿐만 아니라 변동투자도 계속하는 것이 좋습니다. 고정투자에 만족하게 되면 부수입 등으로 돈이 생겼을 때 추가 투자(또는 저축)하는 것이 아니라 그냥 써버리기 십상입니다. A씨는 스마트스토어에서 추가 수입이 생기면 적립식펀드에 즉시 이체하여 3년 이상 투자하여 3천만 원을 만들기로 하였습니다. 그리고 생활비를 절감하여 약간의 여윳돈이 생길 때마다 ○○인공지능 ETF에 3년 이상 투자하여 2천만 원을 만들기로 하였습니다.

저도 과거에 일일 가계부를 써 보았습니다만 결국 포기했습니다. 매일 가계부를 쓴다는 것은 매우 힘든 일입니다. 하지만 '한 달에 한 번만 써도 된다!'라고 하면 그리 어렵지 않은 일입니다. 저는 '월계부'라고 하여 매달 말일에 한 번씩 쓰는 것이 있습니다. 그것은 바로 앞서 말씀드렸던 '자산검진표'와 '현금수지표'입니다. 독자님께 꼭 권하고 싶은 것이 있습니다. 그것은 바로 '월급세팅'과 '월계부 작성'을 3달만 실행해 보라는 것입니다. 그리하면 이전보다 훨씬 빠른 속도로 불어나는 자신의 자산을 목격하게 될 것입니다. 그뿐만 아니라 좋은 자산관리 습관을 갖게 됩니다. 그런 습관과 실행력만이 돈 걱정 없는 노후로 이끌 수 있습니다.

Chapter 04

노후 준비를 위해
꼭 가입해야 하는
절세 3종 세트는?

직장생활 3년 만에 내 집을 마련?
노후자금도?

저의 첫 직장은 은행이었는데요. 입사동기가 120명이었는데 월급은 거의 똑같았습니다. 그런데 어떤 동기는 3년 만에 집을 사고, 어떤 동기는 10년이 지나도 집을 못 사더군요. 저는 입사 후 7년이 지나서야 샀는데요. 다른 동기들에 비하면 늦은 편에 속합니다. 월급은 같은데 3년 만에 내 집을 마련한 동기는 어떻게 그게 가능했을까요?

원래 집안이 부자라서? 그런 것이 아니고, 2가지를 다르게 행동했기 때문입니다. 첫째는 첫 월급 받으면서부터 80%를 저축하더군요. 그는 목표한 저축금액에 대하여 월급날 바로 자동이체되도록 설정하였습니다. 다른 데 써야 할 것들이 많이 있었음에도, 월급날 적금으로 즉시 '자동이체' 해 버림으로써 다른 소비를 차단해 버린 것이지요. 보통 사람은 절대 쉽지 않은 일입니다. 둘째는 첫 출발부터 절세상품을 최대한 활용하였다는 점입니다. 똑같은 적금상품이라도 세금 혜택이 있는 절세상품은 실제수익률이 훨씬 높습니다. 그리고 절세상품은 대부분 중도해약하면 불이익이 크기 때문에 만기까지 유지하려고 노력하게 됩니다. 특히 세금을 환급받는 상품에 가입하면 연말정산 시 세금환급액이 월급통장으로 입금되어 제2의 월급 같은 역할을 합니다. 저의 경우도 매년 연말정산을 하고 나면 200~300만 원 내외의 세금을 돌려받았습니다. 13월의 월급 같은 느낌이 들더군요.

내 집 마련을 위한 준비와 마찬가지로 노후준비도 절세상품을 활용하는 것이 매우 좋은데요. 제가 가장 좋은 노후준비 상품으로 꼽는 '절세 3종 세트'가 있습니다. 그것은 첫째 연금저축, 둘째 IRP(개인형 퇴직연금), 셋째 ISA(개인종합자산관리계좌)'입니다. 하나를 더 꼽으라고 하면 '노란우산공제'입니다. 노란우산공제를 포함하면 '절세 4종 세트'입니다. 직장인이라면 절세 3종 세트에 하루빨리 가입하는 것이 유리합니다. 매년 세액공제를 통해 세금환급을 받을 수 있고, 일정액의 비과세 효과가 있기 때문에 다른 어떤 상품보다 좋습니다. 한편, 자영업자라면 '절세 4종 세트'를 하루빨리 가입하는 것이 좋겠습니다. 자영업자 또는 프리랜서의 경우에는 직장인과 달리 퇴직금 또는 퇴직연금이 없습니다. 노란우산공제는 직장인의 퇴직금과 같은 역할을 하는 절세상품입니다. 노란우산공제는 소기업·소상공인을 위한 정책상품이기 때문에 대부분의 직장인은 가입할 수 없습니다. 일반적으로 절세상품은 세금혜택으로 인하여 실질적인 수익률이 일반상품보다 훨씬 높다고 볼 수 있습니다. 하지만 절세상품이 100% 무조건 좋다고 할 수는

없습니다. 이하에서는 절세상품의 좋은 점뿐만 아니라 불리한 점
도 알려드릴 테니 모두 고려하여 선택하기 바랍니다.

연금저축!
월납입금 2개월분을 국가가 준다구?

연금저축은 은퇴 후 노후생활을 준비하기 위해 가입하는 장기저축상품으로, 매년 납입액에 대해 세제 혜택을 받을 수 있습니다. 가입대상은 연령, 소득 등의 제한이 없어 모두 가능합니다. 연금저축은 50대 이후 중장년층이 가입하는 상품이라고 생각하기 쉽습니다. 하지만 연금저축은 30년 이상 활용할 수 있는 장기저축상품이기 때문에 2030세대들도 빨리 가입하는 것이 좋습니다. 평균수명이 늘어나면서 2030세대도 노후준비를 일찍 시작해야 할 유인이 생겼고, 매년 절세효과로 인하여 다른 어떤 상품보다 실제 수익률이 높기 때문입니다. 연금저축은 2030세대일 때는 절세를 통해 실질적인 투자수익을 높이는 역할을 하고, 4050세대일 때는 노후 리스크를 줄이는 안전장치 역할을 합니다.

연금저축의 가장 큰 장점은 세액공제 혜택이라고 볼 수 있습니다. 매년 납입액의 16.5%(연봉 5,500만 원 초과자는 13.2%)를 세액공제해 주기 때문입니다. 예컨대, 매월 50만 원씩 연금저축에 납입하면, 월급에서 원천징수 당했던 소득세 중 99만 원을 돌려받을 수 있습니다. 달리 말하면 연금저축 2개월분을 국가가 주는 것과 같습니다. 연금저축 수익률에는 표시되지 않지만 연간 납입액의 16.5%(또는 13.2%)에 해당하는 금액이 월급통장으로 입금됩니다. 다만, 연말정산 결과 세금을 추징당해야 할 상황이면 세금환급은 되지 않겠지요. 그렇더라도 세금추징액은 세액공제액만큼 줄어들게 되므로 절세효과는 있습니다. 한편 세금을 내지 않았거나 납부한 세금이 적으신 분들은 세액공제 혜택이 없을 수 있습니다. 그렇더라도 절세효과가 전혀 없는 것은 아닙니다. 연금저축 납입금에 대하여 세액공제를 받지 않은 부분은 향후 연금 수령 할 때 연금소득에 대하여 비과세되기 때문입니다.

연금저축은 납입금액 및 운용수익에 대하여 즉시 과세하지 않고 연금수령 시까지 과세를 늦추어 주는 '과세이연' 혜택이 있습니다. 예를 들어 당장 내야 하는 세금을 나중에 납부해도 되니, 혜택이라고 볼 수 있는 것이죠. 그뿐만 아니라 연금수령시점인 55세 이후에 연금형태로 받게 되면 3.3%~5.5%의 낮은 세율로 과세하므로 노후준비상품으로 적합한 상품이라고 할 수 있습니다.

연금저축의 연간 납입한도와 연간 절세한도를 구별할 줄 알아야 합니다. 연금저축의 연간 납입한도는 1,800만 원(월 150만 원)이지만, 연간 절세한도는 600만 원(월 50만원)입니다. 그러니까 연간

1,800만 원 납입한다고 하여 전액 세액공제 대상이 되는 것은 아니고, 그중 600만 원까지만 세액공제 대상이 됩니다. 납입방법은 자유적립식이므로 한 번에 600만 원을 납입해도 되고, 매월 50만 원씩 납입해도 됩니다. 600만 원까지 세액공제 대상이 된다는 것은 세금을 600만 원 돌려준다는 것이 아닙니다. 이 경우 세금 환급 가능액은 세액공제대상 금액에 16.5%(또는 13.2%)를 곱한 금액입니다. 예컨대 연간 600만 원 납입했으면 600만 원×16.5%인 99만 원의 세금을 돌려받을 수 있다는 것을 의미합니다.

연금저축계좌에서 투자할 수 있는 상품은 다양합니다. 일반 펀드뿐만 아니라 ETF, 리츠도 가능합니다. 이 중 하나의 상품만 가능한 것이 아니라 여러 개의 상품에 동시에 가입하는 것도 가능합니다. 그뿐만 아니라 연금저축 계좌를 여러 개 만들어도 됩니다. 저의 경우에는 3개의 연금저축 계좌를 만들었는데요. 여러 개 만들면 좋은 이유는 향후 하나를 해약하더라도 나머지 2개의 계좌에서 절세혜택을 계속 누릴 수 있기 때문입니다. 또 연금 수령시점을 하나는 65세부터 다른 하나는 75세부터 받게 함으로써 연금소득세를 줄일 수도 있습니다.

하지만 연금저축에 가입하는 경우 몇 가지 불리한 점도 있습니다. 아울러 불리한 점에 대한 해결책이 있는 것도 있으므로 함께 말씀드리겠습니다.

첫째, 연금 외의 방식으로 인출할 경우 높은 세율로 세금을 납부해야 합니다. 다시 말하면 '연금방식'으로 돈을 뺄 때는 절세혜택을 주지만, '연금 이외의 방식'으로 돈을 뺄 때는 세금을 엄청 많이 뗀다는 것입니다. 여기서 '연금 이외의 방식'은 연금수령 시점(만55세) 이전에 '중도인출'하거나 연금수령시점(만55세) 이후에 '일시금'으로 인출하는 경우를 말합니다. 연금 수령시점 이전에 '중도 인출'하면 16.5%의 기타소득세를 내야 합니다. 또 연금 수령시점 이후라도 '일시금으로 수령'하면 16.5%의 기타소득세를 내야 합니다. 세액공제 받은 납입액과 운용수익의 16.5%를 세금으로 납부하면 원금손실이 발생할 수도 있습니다. 하지만 '부득이한 사유'에 해당하면 16.5%의 기타소득세를 내지 않아도 됩니다. 그러니 중도 인출 때 무조건 기타소득세를 내는 것보다 부득

기타소득세를 부과하지 않는 '부득이한 사유' 6가지

① 천재지변
② 가입자의 사망 또는 해외이주
③ 가입자 또는 부양가족이 질병부상에 따라 3개월 이상 요양이 필요한 경우
④ 사회재난으로 15일 이상 입원치료가 필요한 경우
⑤ 가입자의 파산선고 또는 개인회생절차 개시 결정
⑥ 연금취급자의 영업정지, 인허가 취소, 해산결의, 파산선고 등

이한 사유에 해당하는지 확인해 보는 것이 필요합니다.

따라서 중도인출하거나 일시금으로 인출하게 되는 경우, '부득이한 사유'에 해당하는지 확인하고, 해당하면 관련서류를 준비하여 기타소득세를 내지 않도록 하여야 합니다. 어쨌든 단기에 쓸 돈을 연금저축에 넣는 것은 적절하지 않습니다. 연금저축은 만기까지 해약하지 않고 연금으로 수령하는 것을 목적으로 하는 자금으로만 납입하는 것이 현명합니다.

둘째, 연금저축은 최소 5년 이상 가입을 유지해야 하고, 55세부터 10년 이상 연금으로 수령해야 합니다. 따라서 5년 이내에 해지할 가능성이 있다면 만기가 짧은 다른 상품에 가입하는 것이 더 유리합니다. 왜냐하면 5년 이내에 중도인출 하거나 일시금으로 수령하면 16.5%의 기타소득세를 부담해야 하고, 원금손실 가능성도 있기 때문입니다. 이를 막기 위한 팁이 있는데요. 만약에 중도인출 해야만 하는 사정이 생긴다면, 중도인출보다는 연금저축을 담보로 대출을 받는 것이 유리합니다. 다만 연금지급이 개시된 계좌는 대출이 제한됩니다. 대출여부 및 조건은 금융회사마다 다를 수 있으니 미리 자신이 가입한 금융회사에 확인해야 합니다.

셋째, 연금저축계좌로는 투자할 수 없는 상품들도 있습니다. 연금저축계좌를 통하여 주식형펀드에 투자할 수 있지만 개별주식에 직접 투자할 수는 없습니다. 예를 들어 주식형펀드인 '○○ 코리아증권투자신탁(주식)'에 투자할 수 있지만, 이 펀드 내에 있는 '삼성전자' 주식에 직접 투자할 수는 없습니다. 또 국내상장 ETF는 투자할 수 있지만, 해외상장 ETF는 투자할 수 없습니다. 예를 들어 한국에서 상장된 ETF인 'TIGER 미국 S&P500'에는 투자할 수 있지만, 미국에서 상장된 'QQQ' 또는 'SCHD'와 같은 ETF에는 투자할 수 없습니다.

IRP계좌!
900만 원 생기면 나는 여기에 넣는다!

IRP^{Individual Retirement Pension}는 '개인형 퇴직연금'을 의미하는 영어 약자입니다. 퇴직연금의 유형에는 DB형, DC형 그리고 IRP가 있습니다. DB형과 DC형은 직장인의 퇴직급여를 위해 '회사'가 의무적으로 적립해야 하는 퇴직연금입니다. 반면 IRP는 직장인 '개인'이 자발적으로 적립하는 것이기 때문에 명칭은 퇴직연금이지만, 실질적으로는 개인연금에 가깝다고 볼 수 있습니다. IRP는 퇴직 시 받게 되는 퇴직급여 또는 본인의 여유자금을 운용하여 만 55세 이후에 연금으로 받을 수 있는 '은퇴전용계좌'입니다. 연금저축은 소득여부와 상관없이 누구나 가입할 수 있지만, IRP는 소득이 있는 사람만 가입할 수 있습니다. 소득이 있으면 가입이 가능하므로 직장인뿐만 아니라 개인사업자, 프리랜서 등도 가입할 수 있습니다.

IRP도 연금저축과 마찬가지로 '세액공제, 과세이연, 저율과세' 되는 상품이라는 3가지 장점이 있기 때문에 노후준비를 위한 상품으로 아주 적합하다고 볼 수 있습니다.

첫째, IRP는 납입금액 기준 9백만 원까지 세액공제를 받을 수 있습니다. IRP의 연간 납입한도는 1천8백만 원이지만, 세액공제가 가능한 연간 절세한도는 9백만 원입니다. 연금저축의 절세한도(6백만 원)보다 3백만 원이 많습니다. 납입방법은 자유적립식이므로 한 번에 9백만 원을 납입해도 되고, 매월 75만 원씩 납입해도 됩니다. 연간 연금저축에 6백만 원, IRP에 9백만 원 납입하면 연간 1천5백만 원까지 세액공제 받을 수 있을까요? 그렇지 않습니다. 연간 1천5백만 원을 납입해도 9백만 원까지만 세액공제 받을 수 있습니다. 세법은 연금저축과 IRP를 합산하여 연간 9백만 원까지만 세액공제 해 준다고 규정하고 있기 때문입니다. 그래서 저도 연금저축에 연간 6백만 원, IRP에 연간 300만 원 납입하여 최고 절세한도인 9백만 원까지만 납입하고 있습니다.

둘째, IRP는 운용수익에 대한 세금을 먼 후일로 연기시켜 주는 과세이연 혜택이 있습니다. 만약 은행대출로 매달 50만 원씩 내야 하는 대출이자를 연체료도 받지 않고 10년 후에 납부해도 된다고 한다면 어떨까요? 너무 좋죠. 10년 동안 대출이자 내지 않아서 좋고, 연체료도 없다고 하니 좋고, 대출이자 낼 돈을 10년 동안 예금에 넣어두면 예금이자도 받을 수 있겠지요. IRP의 혜택인 '과세이연'이라는 것도 지금 내야 할 세금을 연금 수령할 때까지 연체료 없이 연기시켜 주는 것이니 무조건 좋은 것입니다. 그뿐만 아니라 퇴직급여를 IRP계좌로 받으면 퇴직소득세 납부를 연금수령 이후로 미루어 줍니다. 그리하여 미래에 연금을 수령할 때 퇴직소득세를 납부하면 되는데, 이때 또 퇴직소득세의 30%~40%를 감면해 줍니다.

셋째. IRP는 55세 이후 연금으로 받는 경우 낮은 세율(3.3% ~5.5%)이 적용되어 세제상 유리합니다. 일반적으로 예금만기로 예금인출하려고 하면 15.4%의 세율로 이자소득세를 내야 합니다. 하지만 연금소득세는 70세 미만은 5.5%, 80세 미만은 4.4%, 80세 이상은 3.3%의 세율로 과세하기 때문에 이자소득세율에 비하여 낮은 세율로 과세합니다. 또한 연령이 높아질수록 세율은 더 낮아지는 구조로 되어 있어 노후세금을 줄일 수 있습니다.

IRP에 가입하는 경우 몇 가지 불리한 점도 있으니, 유념하기를 바랍니다.

첫째, IRP는 운용관리수수료와 자산관리수수료가 있습니다. 금융기관마다 수수료가 다르지만 0.1%~0.5% 정도 됩니다. 비용에 민감하신 분이라면 상품 가입 전에 금융기관별 수수료를 비교해 보는 것이 좋습니다. 온라인(비대면)으로 IRP 계좌를 개설하는 경우, 수수료가 면제되는 금융사가 있으니 이런 금융사를 이용하는 것이 좋을 듯합니다.

둘째, IRP는 연금 수령 전까지 중도 인출을 제한하고 있습니다. 원칙적으로 IRP 적립금을 중도에 인출할 수는 없습니다. 다만 〈표15〉와 같이 법에서 정한 부득이한 사유에 해당하면 적립금 중 일부를 중도인출 할 수 있습니다.

〈표15〉 IRP 중도인출이 가능한 사유와 적용세율

구분		중도인출 시 적용세율		
		퇴직급여	세액공제 받은 저축금액	세액공제 받지 않은 저축금액
세금 적음	① 천재지변	연금소득세 (퇴직소득세의 70%)	연금소득세 (3.3%~5.5%)	과세하지 않음
	② 6개월 이상 요양비			
	③ 개인회생, 파산선고			
	④ 사회적 재난에 의한 15일 이상 입원치료비			
세금 많음	⑤ 무주택자 주택구입·전세 보증금	퇴직소득세	기타소득세 (16.50%)	
	⑥ 사회적 재난에 의한 주거시설 피해·가족실종 등			

IRP는 〈표15〉와 같은 법에서 정한 6가지 사유가 있는 경우에만 중도인출 할 수 있기 때문에 연금저축보다 중도인출이 더 어렵다고 볼 수 있습니다. 또 연금저축은 대출이 가능한 상품이지

만, IRP는 대출이 불가한 상품입니다. 특이할 만한 것은 주택구입비 또는 전세보증금을 내기 위해 인출할 수 있다는 점입니다. 하지만 16.5%의 세율로 기타소득세가 부과되므로 불이익이 매우 큽니다. 예컨대, 주택구입대금을 충당하기 위해 IRP계좌에서 1억 원을 중도인출 한다고 가정하면 1,650만 원을 세금으로 내야 합니다. 이 정도의 세금은 5억 원짜리 집을 살 때 내는 세금보다 2배 이상 많은 금액입니다. IRP도 연금저축과 마찬가지로 중도인출 시 높은 세금을 부과하는 이유는 노후자금은 절대 깨지 말라는 취지라고 볼 수 있습니다.

셋째, IRP는 연금저축에 비하여 위험자산(불확실하지만 기대수익률이 높은 자산)에 대한 투자비중이 적습니다. 연금저축은 위험자산에 100%까지 투자할 수 있지만, IRP는 위험자산에 70%까지만 투자할 수 있습니다. 예를 들어 연금저축계좌에서는 국내주식형펀드에 100%까지 투자할 수 있지만, IRP계좌에서는 주식형펀드에 70%까지만 투자할 수 있다는 것입니다. 연금저축계좌에서는 주식형 ETF에 100% 투자할 수 있지만, IRP계좌에서는 주식형 ETF에 70%까지만 투자할 수 있다는 의미입니다.

ISA계좌로 고수익성 투자와
절세를 한꺼번에?

ISAIndividual Savings Account는 가입자가 1개의 계좌로 예금·펀드·주식 등 다양한 상품에 투자할 수 있는 '개인종합자산관리계좌'입니다. 19세 이상의 거주자이면 가입할 수 있고, 이자소득 또는 배당소득에 대하여 비과세 된다는 점이 특징입니다. ISA는 다음과 같은 점에서 누구에게나 유리한 상품입니다.

첫째, ISA는 우리나라에 현존하는 상품 중 투자대상이 가장 많이 허용된 상품입니다. ISA계좌에서는 예금, 채권, RP, 펀드, ETF, 리츠, 주식 등 거의 모든 상품에 투자할 수 있습니다. 연금저축계좌나 IRP계좌에서는 주식에 직접 투자할 수 없지만, ISA계좌에서는 직접 주식투자도 가능합니다. 단, 해외주식은 직접투자 할 수 없습니다. ISA의 유형에는 신탁형, 일임형, 중개형 등 3가지가 있는데 중개형 ISA를 선택하는 것이 유리합니다. 중개형 ISA가 상품선택 폭이 가장 넓기 때문입니다. 중개형 ISA는 주식투자가 가능한 유형이기 때문에 은행에서는 가입할 수 없고, 증권회사에서만 가입할 수 있습니다.

<표16> 절세 3종 세트 투자가능 상품 비교

절세상품	투자가능 상품
연금저축	펀드, ETF, 리츠 등
IRP	예금, 펀드, ETF, 리츠 등
ISA	주식, 채권, RP, 펀드, ETF, 리츠, ELS, DLS, ETN 등

둘째, ISA는 금융소득에 대하여 최고 400만 원까지 비과세 혜택이 있습니다. ISA 계좌는 비과세 혜택이 있기 때문에 납입한도 제한이 있는데요. 연간기준 2천만 원(5년 기준 1억 원)까지만 납입할 수 있습니다. 세법에 따르면 ISA는 일반형 ISA와 서민형 ISA로 구분되는데요. 일반형은 200만 원, 서민형은 400만 원까지 비과세 됩니다. 그리고 비과세 한도 초과액은 9.9%로 분리과세 해줍니다. 따라서 이자소득 또는 배당소득에 대하여 15.4%로 과세

<표17> 일반상품 세금 154만 원 vs 서민형 ISA 세금 0원

구분	일반과세상품	일반형 ISA	서민형ISA
배당소득 (또는 이자소득)	400만원	400만원	400만원
비과세 차감	없음	-200만원	-400만원
과세대상 금액	400만원	200만원	0만원
세율	15.4%	9.9%	0%
세금	616,000원	198,000원	0원
절세효과	0	+418,000원	+616,000원

※ 향후 정책 및 세법개정 등에 따라 달라질 수도 있음

하는 일반상품에 가입한 것보다 훨씬 수익이 많아집니다.

〈표17〉에서 보는 바와 같이 배당소득이 400만 원 발생하면 일반과세상품의 경우에는 15.4%로 과세되므로 61만 6천 원의 배당소득세를 내야 합니다. 반면 일반형 ISA는 200만 원은 비과세되고, 나머지 200만 원에 대하여만 9.9%로 과세되므로 30만 8천 원만 세금으로 내면 됩니다. 그리고 서민형 ISA는 400만 원까지 비과세 되므로 세금은 한 푼도 내지 않습니다.

셋째, ISA는 손실의 아픔을 달래주는 상품입니다. 일반상품은 모든 수익에 대하여 과세하지만, ISA에는 수익에서 손실을 뺀 '순수익'에 대하여만 과세합니다. 예를 들어 ISA계좌를 통해 거래한 상품 중 (A)상품 투자에서는 1천만 원 수익이 나고, (B)상품 투자에서는 600만 원 손실이 났다고 가정해 볼게요. 이 경우 〈표18〉에서 보시다시피, 일반상품계좌인 경우에는 154만 원의 세금을 내야 하지만, 서민형 ISA계좌인 경우에는 세금을 한 푼도 내지 않습니다.

일반상품 계좌는 세금 부과할 때 손실을 반영하지 않습니다. 반면 ISA계좌는 손실을 반영한 '순수익'에 대하여 과세하기 때문에 일반상품 계좌에 비하여 절세효과가 크다고 볼 수 있습니다.

구분	일반계좌	ISA(일반형)	ISA(서민형)
상품구성 및 수익	(A)상품 +1000만원 (B)상품 -600만원	(A)상품 +1000만원 (B)상품 -600만원	(A)상품 +1000만원 (B)상품 -600만원
과세방법	모든 수익에 과세 (손실반영 불가)	순수익에 과세 (손실반영 가능)	순수익에 과세 (손실반영 가능)
과세기준	1000만원	400만원	400만원
비과세	없음	-200만원	-400만원
과세대상 금액	1000만원	200만원	0만원
세율	15.40%	9.90%	0%
세금	1,540,000원	198,000원	0원
절세효과	0	+1,320,000원	+1,540,000원

※ 향후 정책 및 세법개정 등에 따라 달라질 수도 있음

　　넷째, ISA는 중도인출 시 불이익이 거의 없습니다. 일반적으로 세제혜택을 많이 주는 상품은 중도인출 시 강한 페널티를 줍니다. 예를 들어 연금저축이나 IRP 같은 경우 중도인출하면 16.5%의 세금을 추징합니다. 반면 ISA는 그와 같은 불이익 없이 납입원금 한도 내에서 중도인출을 자유롭게 할 수 있습니다. 다만, 3년 만기 이전에 중도인출하면 비과세 혜택을 받을 수는 없습니다.

　　다섯째, ISA 계좌 만기금액을 연금계좌로 이체하면 세액공제(300만 원 한도)를 추가로 받을 수 있습니다. ISA 계좌 만기는 3년 이

상으로 자유롭게 설정할 수 있습니다. 만기를 3년으로 할 수도 있고 10년으로 할 수도 있는데, 저는 ISA 만기는 3년으로 하는 것이 좋다고 생각합니다. 만기를 3년으로 하면 3년마다 300만 원의 세액공제를 받을 수 있기 때문입니다. ISA계좌는 금융소득에 대하여 비과세 되지만 세액공제 혜택은 없는 상품입니다. 하지만 만기 후 60일 이내에 연금저축계좌 또는 IRP계좌에 만기금액을 이체하면 이체금액의 10%(300만 원 한도)까지 세액공제 받을 수 있습니다. 만기에 ISA계좌를 활용하여 추가수익을 만드는 방법을 단계별로 말씀드리겠습니다. 〈표19〉를 보시기 바랍니다.

〈표19〉 ISA계좌를 활용하여 추가수익을 만드는 3단계 방법

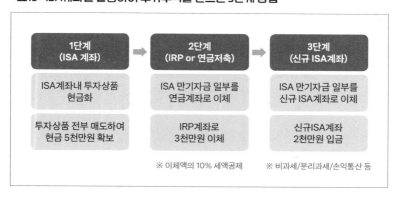

저의 사례를 기준으로 말씀드리겠습니다. 금액은 편의상 1천만 원 단위로 하였습니다. 1단계는 ISA계좌 내 투자상품을 현금화하는 단계입니다. 저의 ISA계좌는 2024년 6월에 3년 만기가

되었습니다. ISA계좌에 있는 모든 투자상품을 현금화 하니 5천만 원이었습니다. 2단계는 만기금액의 일부를 연금계좌로 이체하는 과정입니다. 저의 경우에는 만기금액 중 3천만 원을 IRP계좌로 이체했습니다. 그리하면 3천만 원의 10%인 300만 원을 추가로 세액공제 받을 수 있습니다. 원칙적으로 IRP의 세액공제 한도는 연간 900만 원인데, ISA 만기자금을 이체하는 경우에는 연간 1,200만 원까지 허용해 줍니다. 3단계는 신규 ISA계좌를 만드는 단계입니다. 저는 만기금액 중 남아있는 2천만 원으로 새로운 3년 만기의 ISA계좌를 만들었습니다. 기존에 이용하였던 ISA계좌는 만기가 지나서 쓸 수 없습니다. 새로운 ISA계좌를 만들면 다시 비과세 혜택을 볼 수 있고, 3년 후 만기가 되면 만기금액의 일부를 연금계좌에 이체하여 세액공제 혜택을 추가로 받을 수 있습니다. 저는 3년마다 이러한 3단계 절차에 따라 ISA계좌를 200% 이상 활용합니다. 독자님도 ISA계좌를 3년 만기로 반복 투자함으로써 절세와 수익을 극대화했으면 좋겠습니다.

자영업자를 위한 퇴직금 제도,
노란우산공제!

　　직장인은 이직하게 되거나 정년이 되어 퇴사하면 퇴직급여를 받게 됩니다. 이러한 퇴직급여는 이직을 위해 잠시 일을 쉴 때 생계자금이 되기도 하고, 정년퇴직 후 노후자금 역할을 합니다. 하지만 소규모 자영업자들은 퇴직급여 나올 곳이 없기 때문에 일을 하지 않을 땐 경제적으로 쪼들릴 수밖에 없습니다. 이런 상황에 대비하는 상품이 '노란우산공제'입니다. 노란우산에서 '노란'은 안전을, '우산'은 보호를, 공제는 '보험'을 뜻합니다. 노란우산공제는 소상공인을 안전하게 보호하는 보험이라고 생각하시면 됩니다. 좀 더 구체적으로 말하면, 소기업·소상공인이 폐업이나 노령 등의 생계위협으로부터 생활의 안정을 기하고, 사업재기 기회를 제공받을 수 있도록 중소기업협동조합법에 따라 운영되는 사업주의 퇴직금(목돈마련)을 위한 공제제도입니다.

　　노란우산공제는 원칙적으로 직장인은 가입할 수 없고, 소기업·소상공인만 가입할 수 있습니다. 소기업·소상공인 범위에 포함되는 개인사업자 또는 법인의 대표자라면 누구나 가입할 수 있는데요. 소기업·소상공인이란 업종별로 좀 다르지만, 연평균

매출액이 10억 원~120억 원 이하여야 합니다. 사업자등록증이 없는 프리랜서도 노란우산공제 가입이 가능합니다. 월 5만 원~100만 원까지 자유롭게 적립할 수 있고, 만기는 정해져 있지 않으나 폐업 또는 노령(60세 이상) 등의 사유가 발생하면 받을 수 있습니다. 저축한 공제금은 납입액 전액에 대하여 연 복리로 운용되기 때문에 장기 가입자에게 더 유리합니다. 긴급하게 돈이 필요한 경우 해약환급금의 90%까지 대출도 가능합니다. 제가 노란우산공제 대출을 인터넷으로 신청한 적이 있었는데요. 신청한 지 10초도 지나지 않았는데 대출금이 입금되더군요. 노란우산공제는 은행 각 지점이나 중소기업중앙회 지역본부에 방문해서 가입할 수 있고, 인터넷(www.8899.or.kr)을 통해 가입할 수도 있습니다.

노란우산공제는 소상공인을 위한 혜택이 대단히 크기 때문에 소상공인이라면 일반적금보다 노란우산공제에 우선적으로 가입하는 것이 유리합니다.

첫째, 노란우산공제는 납입부금 기준 최대 600만 원까지 '소득공제' 혜택이 있습니다. 세금 부담이 높은 사업자의 절세전략으로 활용할 수 있는 좋은 상품이죠. 노란우산공제에 가입하면 사업소득 수준에 따라 연간 '최고 154만 원'까지 세금을 돌려받을 수 있습니다.

<표20> 노란우산공제의 사업소득별 절세효과(예시)

사업소득	소득공제 한도	세율	* 절세효과
4천만원 이하	600만원	6.6%~16.5%	396,000~990,000
4천만원~1억원	400만원	16.5%~38.5%	660,000~1,540,000
1억원 초과	200만원	38.5%~49.5%	770,000~990,000

※ 향후 정책 및 세법개정 등에 따라 달라질 수도 있음

소득공제 한도에 맞춰 최대한 소득공제를 받으려면 매월 납입액은 얼마로 해야 할까요? 연간소득 4천만 원 이하면 월 50만 원, 연간소득이 4천만 원 초과 1억 원 이하인 경우는 월 34만 원, 연간소득이 1억 원 초과인 경우는 월 17만 원이 적절합니다.

둘째, 노란우산공제의 공제금은 법적으로 압류가 금지되어 있기 때문에 소상공인을 우선적으로 보호해 주는 상품이라고 할 수 있습니다. 소상공인 중에는 경영악화 또는 사업실패로 대출 원리금을 상환하지 못할 경우가 있습니다. 이 경우 대출해 준 은행 또는 채권자는 소상공인의 자산 및 통장을 압류할 수도 있습니다. 모든 자산이 압류되면 소상공인은 생계위협뿐만 아니라 사업을 재개할 자금도 없어집니다. 그런데 노란우산공제에 납부한 공제금은 압류·양도·담보제공이 금지됩니다. 쉽게 말하면 파산하여 빚쟁이들이 몰려와도 노란우산공제에 납부한 돈은 압류가 금

지되기 때문에 합법적으로 지킬 수 있다는 것입니다. 따라서 폐업이 된다 해도 최소한의 생활안정 자금 또는 사업재기 자금으로 노란우산공제금을 쓸 수 있습니다. 또한 계좌 자체에 압류가 법적으로 금지되는 압류방지계좌('행복지킴이통장')로 설정하면 더욱 안전하게 수령하여 사용할 수 있습니다.

셋째, 지방자치단체는 노란우산공제 가입을 촉진하고자 신규 가입 소상공인에게 1년간 12만 원~36만 원의 '희망장려금'을 지원합니다. 그뿐만 아니라 '재가입장려금'도 지원하는데요. 공제금 지급사유(폐업, 퇴임, 노령)로 공제금을 수령하신 분들이 재가입하는 경우 받을 수 있습니다. 노란우산공제에 재가입한 자 중 6회차 부금 납부 시 재가입장려금으로 5만 원을 지급합니다.

넷째, 노란우산공제 가입자에 대하여 무료 상해보험, 무이자 의료대출, 무이자 재해대출을 지원합니다. 가입자가 상해로 인하여 사망 또는 장해상태가 된 경우 월부금의 150배(1억 5천만 원 한도)까지 보험금을 받을 수 있습니다. 가입자가 상해 또는 질병으로 3일 이상 입원치료를 받는 경우 1천만 원 한도 내에서 무이자 대출을 받을 수 있습니다. 가입자가 산불·태풍 등 재해로 인한 피해가 발생했을 때, 최대 2천만 원 한도 내에서 무이자 대출을 받을 수 있습니다.

노란우산공제는 중도해지를 하면 원금손실을 볼 수 있다는 점이 단점입니다. 부금 납부 월수가 7회 미만이면 납부부금의 80~90%만 줍니다(7회차 이상은 납부부금의 100%). 또 소득공제 받은 상태에서 해지하면 16.5%의 기타소득세를 부담해야 합니다. 공제부금을 12개월 이상 연체하거나, 공제금 등을 부정한 방법으로 수급한 경우, 중소기업중앙회가 강제로 계약해지를 할 수 있습니다. 그리고 계약자의 거짓 등 부정수급의 경우에는 일반해약환급금의 80%만 지급합니다. 이처럼 노란우산공제는 임의로 해지했을 때 불이익이 있습니다.

하지만 정당한 사유로 해지하는 경우에는 불이익이 없습니다. 정당하게 공제금을 받을 수 있는 사유는 4가지입니다. ① 가입자 사망 ② 사업자의 폐업 또는 해산 ③ 법인대표자가 질병 또는 부상으로 퇴임 ④ 만 60세 이상으로 10년 이상 부금을 납부한 가입자가 공제금을 지급해 달라고 청구한 경우 등입니다. 공제금은 얼마나 받을까요? 공제금은 기본공제금과 부가공제금으로 구분됩니다. 기본공제금은 납부 횟수가 6회 이하이면 원금을 돌려받고, 7회 이상이면 원금에 이자를 합하여 받게 됩니다.

상기 표에서 보는 바와 같이 노란우산공제에 매월 25만 원씩 납입하는 경우 매년 75만 원 정도의 세금을 줄일 수 있습니다.

노란우산공제 월 25만 원 납입하는 경우 실지급액 및 절세효과[예시]

납입연수	납입원금 (A)	이자 (B)	원리금 (C=A+B)	소득공제원금 (D=min[A,5000+])	퇴직소득세 (E)	실지급액 (F=C-E)	소득공제절세액 (G=D*26.4%)	순소득 (H=F+G)	절세효과 (I=G-E)
1년	3,000,000	53,885	3,053,885	3,000,000	36,481	3,017,404	792,000	3,809,404	755,519
2년	6,000,000	208,503	6,208,503	6,000,000	75,377	6,133,126	1,584,000	7,717,126	1,508,623
3년	9,000,000	467,223	9,467,223	9,000,000	116,759	9,350,464	2,376,000	11,726,464	2,259,241
4년	12,000,000	833,481	12,833,481	12,000,000	160,703	12,672,778	3,168,000	15,840,778	3,007,297
5년	15,000,000	1,312,032	16,312,032	15,000,000	207,286	16,104,746	3,960,000	20,064,746	3,752,714
6년	18,000,000	1,904,169	19,904,169	18,000,000	230,185	19,673,984	4,752,000	24,425,984	4,521,815
7년	21,000,000	2,614,846	23,614,846	21,000,000	255,884	23,358,962	5,544,000	28,902,962	5,288,116
8년	24,000,000	3,447,977	27,447,977	24,000,000	284,466	27,163,511	6,336,000	33,499,511	6,051,534
9년	27,000,000	4,410,127	31,410,127	27,000,000	316,017	31,094,110	7,128,000	38,222,110	6,811,983
10년	30,000,000	5,500,501	35,500,501	30,000,000	350,627	35,149,874	7,920,000	43,069,874	7,569,373

출처: 중소기업중앙회 홈페이지

10년 가입한 경우 절세효과는 무려 750만 원이나 됩니다. 지급 시 퇴직소득세가 공제되기는 하지만 소득공제로 인한 절세효과에 비하면 매우 미미한 수준입니다. 직장을 퇴직한 프리랜서 또는 소상공인이라면 노란우산공제는 필수이니 꼭 가입하십시오.

Chapter 05

딱 75만 원씩만 모아서
3억 만들 수 있다구요?

최근 발표된 금융생활보고서에 의하면, 노후준비를 시작하는 나이는 42세 정도 된다고 합니다. 보통 60세 정도에 퇴직한다고 보면 약 20년 전부터 시작하는 셈입니다. 하지만 85% 정도가 가족부양 때문에 노후준비가 잘되지 않는다고 조사되었습니다. 휴대폰·아이패드 등 필수품도 많아지고, 사교육비와 대학등록금도 엄청난 부담이 되고 있습니다. 그럼에도 불구하고 노후를 위해 저축을 해야 합니다. 인생의 4대 목적자금은 결혼자금, 주택마련 자금, 자녀학자금, 노후자금 등입니다. 결혼자금은 5년 정도 준비해서 결혼하면 끝이 납니다. 주택마련을 위한 자금은 10년 정도 걸립니다. 자녀학자금은 자녀가 초등학교에서 대학교 졸업할 때까지 16년 정도 지나면 끝이 납니다. 노후자금은 퇴직 후 30년~50년 정도 써야 하는 돈입니다. 다른 어떤 목적자금보다 오래도록 써야 하는데, 노후에는 소득이 별로 없습니다. 그래서 가장 우선적으로 준비해야 하는 목적자금은 바로 노후자금입니다.

만약 40세부터 노후준비를 시작한다면 60세에 3억 원~5억 원 정도의 노후자금을 목표로 준비해야 한다고 봅니다. 보통의 직장인이 노후자금 10억 원을 만들기는 현실적으로 힘듭니다. 하지만 3억 원~5억 원 정도의 노후자금은 40세부터 준비한다면 충분히 달성할 수 있다고 봅니다. 그러기 위해서는 40세 부터 노후자금 준비를 시작하여 매월 75만 원 이상 저축해야 합니다. 노후

준비상품은 연금저축펀드, IRP, ISA, 노란우산공제 등과 같은 절
세상품이 유리합니다.

돈 걱정 없는 노후를 위한 은퇴세팅법

매월 75만 원 저축해서 3억 원 만들기

노후자금을 마련할 때는 연금저축과 IRP를 활용하는 것이 가장 좋습니다. 왜냐하면 매년 세액공제를 받을 수 있어 수익을 높일 수 있고, 노후에 연금식으로 받을 수 있으므로 노후에 부족한 소득을 충당해 줄 수 있기 때문입니다. 40세부터 75만 원씩 저축하면 60세에 3억 원 정도를 확보할 수 있습니다. 저는 연금저축펀드에 50만 원, IRP에 25만 원씩 매월 투자하는 것이 좋다고 생각합니다. 연금저축펀드에 25만 원, IRP에 50만 원으로 설정해도 괜찮습니다. 어떻게 하든 합계액이 75만 원 이상은 적립될 수 있도록 하는 것이 바람직합니다.

연금저축의 유형에는 연금저축펀드와 연금저축보험이 있는데요. 연금저축보험은 사업비를 차감하여 수익률이 떨어지므로 연금저축펀드가 더 유리하다고 봅니다. 저는 연금저축계좌에서 주식형 ETF로 투자하고 있습니다. 주식형 ETF는 주식에 주로 투자하므로 위험하다고 생각하시는 분도 있는데요. 저는 그렇게 생각하지 않습니다. 왜냐하면 펀드형태로 투자하기 때문에 개별주식에 직접 투자하는 것보다 위험이 적은 편이고요. 적립식으로 10년 이상 장기 투자하기 때문에 일반 예금보다 훨씬 높은 수익률을 기대할 수 있기 때문입니다. 그리고 IRP는 국내상장 ETF를 활용하되, 주식형 ETF에 60%, 채권형 ETF에 40% 비중으로 투자하면 장기적으로 높을 수익을 기대할 수 있습니다.

<표21> 월75만원으로 은퇴자금 3억 세팅(연수익률 5% 기준)

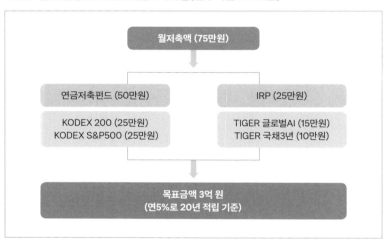

※ 실제 만기평가금액은 상품종류 및 시장상황 등에 따라 다름

45세부터 이러한 연금상품에 매월 75만 원씩 납입하면 65세에 3억 원 정도의 노후자금을 확보할 수 있습니다. 3억 원은 매월 '90만 원씩 25년간 연금으로 받을 수 있는 금액입니다. 직장생활 30년 하면 직장인 평균소득 기준으로 국민연금은 매월 95만 원, 퇴직연금 매월 80만 원 정도 받게 됩니다. 이 세 가지를 합하면 매월 265만 원 정도의 연금이 확보됩니다. 최근 통계청 자료에

의하면 노후 적정 생활비는 월 300만 원 정도인데, 35만 원이 부족합니다. 이 부족분은 각자 소득활동으로 벌어야 합니다. 퇴직 후라 고소득은 힘들지만 35만 원 내외의 소득활동은 충분히 가능하다고 봅니다. 만약에 5억 원 상당하는 주택이 있다면 주택연금을 신청하여 만 65세부터 월 120만 원을 추가로 받을 수 있습니다. 따라서 소득활동이 불가능하다면 주택연금 월 120만 원을 추가하여 월 수령액을 385만 원까지 높일 수 있습니다.

매월 100만 원 저축해서 4억 원 만들기

노후자금 목표액은 많으면 많을수록 좋은 거죠. 만약 40세에 노후자금 목표를 4억 원으로 잡는다면 매월 100만 원씩 저축하면 60세 시점에 4억 원 정도의 노후자금을 마련할 수 있습니다. 매월 100만 원 적립 시 하나의 상품에 몰빵하는 것보다는 절세상품 3개를 활용하는 것이 유리합니다. 따라서 매년 세액공제가 되는 연금저축펀드에 50만 원, IRP에 25만 원, 이자·배당소득에 대하여 비과세 되는 ISA에 25만 원 배분하여 투자하는 것이 적절하다고 봅니다. 이렇게 구성하면 연금저축펀드와 IRP 계좌를 통하여 매년 900만 원에 대한 세액공제를 받을 수 있고, ISA 계좌를 통하여 얻은 이자·배당소득에 대하여 최고 400만 원까지 비과세 혜택을 받을 수 있습니다.

40세에 이러한 상품에 매월 100만 원씩 납입하면 60세에 4억 원 정도의 노후자금을 마련할 수 있습니다. 4억 원은 매월 103만 원씩 90세까지 연금으로 받을 수 있는 금액입니다. 직장생활 30년 하면 직장인 평균소득 기준으로 국민연금은 매월 95만 원, 퇴직연금 매월 80만 원 정도 받게 됩니다. 이 세 가지를 합하면 매월 278만 원 정도의 연금이 확보됩니다. 최근 통계청 자료에 의하

돈 걱정 없는 노후를 위한 은퇴세팅법

<표22> 월100만원으로 은퇴자금 4억 세팅(예시)

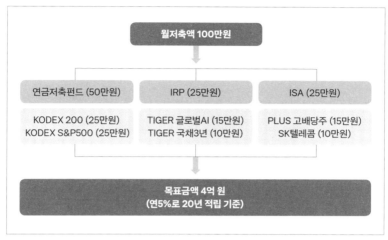

월저축액 100만원

연금저축펀드 (50만원)	IRP (25만원)	ISA (25만원)
KODEX 200 (25만원)	TIGER 글로벌AI (15만원)	PLUS 고배당주 (15만원)
KODEX S&P500 (25만원)	TIGER 국채3년 (10만원)	SK텔레콤 (10만원)

목표금액 4억 원
(연5%로 20년 적립 기준)

※ 실제 만기평가금액은 상품종류 및 시장상황 등에 따라 다름

면 노후 적정 생활비를 월 300만 원 정도인데, 22만 원이 부족합니다. 이 경우 6억 원 상당하는 주택이 있다면 주택연금을 신청하여 65세부터 매월 144만 원을 추가로 받을 수 있습니다. 따라서 3개의 상품과 주택연금을 활용하면 월 수령액을 422만 원까지 높일 수 있습니다.

매월 125만 원 저축해서 5억 원 만들기

제 생각에는 좀 무리가 되더라도 노후자금 5억 원을 목표로 잡았으면 합니다. 물론 평범한 직장인 기준으로 볼 때 쉽지 않습니다. 크게 낭비하지 않더라도 생활비, 사교육비, 품위유지비 등 쓸 돈은 헤아릴 수 없이 많기 때문입니다. 하지만 요즘에는 맞벌이하는 분들이 많습니다. 맞벌이하면 노후준비를 위해 월 125만 원 저축도 가능하다고 봅니다. 또 일반적으로 시간이 갈수록 월급도 올라가기 때문에 추가 저축도 가능합니다. 월급만으로 힘들다고 하면 투잡을 고려해야 합니다. 노후자금을 마련하기 위해 연금저축펀드에 50만 원, IRP에 25만 원, ISA에 50만 원 나누어 투자하면 은행적금으로 적립한 것보다 2배 이상 수익을 기대할 수 있습니다.

40세에 이러한 상품에 매월 125만 원을 납입하면 60세에 5억 원 정도의 노후자금을 마련할 수 있습니다. 이렇게 마련된 5억 원은 60세부터 90세까지 30년간 매월 129만 원씩 연금으로 받을 수 있습니다. 직장생활 30년 하면 직장인 평균소득 기준으로 국민연금은 매월 95만 원, 퇴직연금 매월 80만 원 정도 받게 됩니다. 이 세 가지를 합하면 매월 304만 원 정도의 연금이 확보됩니

<표23> 월 125만 원으로 은퇴자금 5억 세팅(예시)

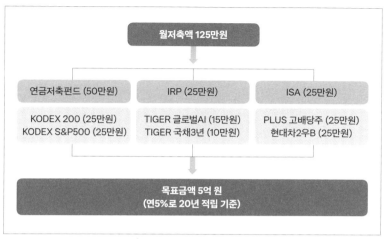

※ 실제 만기평가금액은 상품종류 및 시장상황 등에 따라 다름

다. 최근 통계청 자료에 의하면 노후 적정 생활비가 월 300만 원 정도인데, 이에 부합하는 연금액입니다. 만약 7억 원에 상당하는 주택이 있다면 주택연금을 신청하여 70세부터 매월 207만 원을 추가로 받을 수 있습니다(2024년 기준). 따라서 3개의 상품과 주택연금을 활용하면 월 수령액을 511만 원까지 높일 수 있습니다.

자영업자의 노후자금 만들기

자영업자(프리랜서 포함)는 매달 수입이 불규칙하기 때문에 계획적인 포트폴리오를 짤 수가 없습니다. 매월 일정한 저축이나 투자도 유지하기 어렵습니다. 또한 개인 돈과 공금이 구별되지 않아 자금운용 및 관리가 허술하기 쉽습니다. 매출이 감소하거나 적자가 발생하면 곧 존폐의 기로에 서게 됩니다. 직장인과 달리 자영업자는 자기계발 할 시간조차 없습니다. 그들은 자신의 사업을 확장하고, 매출을 늘리고, 직원관리를 하는 데 많은 시간을 보내야 합니다. 자기 자신은 물론 가족들에게도 신경을 쓰지 못하는 경우가 다반사입니다. 직장인처럼 퇴근시간이 정해진 것도 아닙니다. 밤늦게까지 일하고도 각종 대소사를 신경 써야 하고, 집에 가서도 다음 날 해야 할 일을 걱정해야 합니다.

자영업자는 노후준비를 위해 직장인보다 훨씬 더 노력해야 합니다. 효율적인 돈 관리를 위해 수입통장, 투자통장, 지출통장 등 3개의 통장으로 나누어 월급세팅을 해야 한다고 이미 말했습니다. 자영업자의 경우에는 수입통장, 투자통장, 지출통장 뿐만 아니라 예비통장을 하나 더 만들어 4개의 통장으로 나누어 관리해야 합니다. 예비통장 하나를 추가한 이유는 자영업자의 불규칙한 수입구조 때문입니다. 수입이 많은 달에는 예비통장에 모아놓고, 수입이 적은 달에는 예비통장에서 꺼내 쓰기 위함입니다. 노후를 위한 상품도 하나 더 추가해야 합니다. 직장인은 연금저축, IRP, ISA 등 3개의 절세통장을 활용하면 됩니다. 반면 자영업자는 연금저축, IRP, ISA뿐만 아니라 노란우산공제도 활용해야 합니다. 왜냐하면 자영업자는 직장인과 같은 퇴직급여가 없기 때문에 퇴직급여 역할을 할 수 있는 노란우산공제가 필수적이기 때문입니다.

만약 자영업자가 매월 100만 원으로 노후준비 자금을 세팅한다면 연금저축펀드에 25만 원, IRP에 25만 원, ISA에 25만 원, 노

<표24> 자영업자의 노후자금 세팅(예시)

※ 실제 만기평가금액은 상품종류 및 시장상황 등에 따라 다름

란우산공제에 25만 원으로 똑같이 나누어 적립하는 것이 좋습니다. 설령 수입이 불규칙하더라도 '예비통장'을 활용하여 매월 정기적으로 세팅한 월 적립금이 쌓일 수 있도록 해야 합니다. 금액이 많든 적든 상관없이 매월 지속하는 것이 중요합니다. 이번 달 저축할 돈이 40만 원이면 4개의 상품에 각각 10만 원씩 적립하고, 200만 원이면 4개의 상품에 각각 50만 원씩 적립하라는 것입니다. 수입이 적어 저축하기 힘든 달이라도 4개의 상품에 각각 1만 원씩이라도 적립하십시오. 적립액이 얼마든 매월 적립하는 '습관'이 노후자금을 만들게 합니다. 대부분 자영업자가 노후자금을 만들지 못하는 가장 큰 이유는 이러한 습관을 만들지 못했기 때문입니다. 바쁘다는 이유로, 수입이 줄었다는 이유로, 자녀의 대학등록금 등을 이유로 한 번 두 번 적립하지 않게 되면, 아무리 돈을 번다고 해도 노후자금은 쌓이지 않습니다. 매월 적립하지 못하는 '이유'를 대려고 하지 말고, 매월 적립할 수 있는 '방법'을 찾았으면 좋겠습니다. 바빠서 못한다면 시간을 효율적으로 활용할 수 있는 '방법'을 찾고, 수입이 줄었다고 하면 맞벌이 또는 투잡 등의 '방법'을 찾아 실행해야 합니다. 자녀대학 학자금 때문이라면 학자금대출을 받게 하든, 휴학하고 알바하게 하는 방법이 있습니다. 자영업자라서 '못 하는 이유'를 댈 것이 아니라 '할 수 있는 방법'을 찾아 실행하는 것이 노후 해결책입니다.

40세에 1억이 있다면
어떻게 하는 것이 좋을까요?

저는 금융기관에서 20여 년 근무하면서 1만 명 이상의 고객을 만났고 1천 회 이상의 금융 및 투자 강의도 했습니다. 금융기관 직원을 대상으로 하는 강의도 하고, 일반인을 대상으로 하는 강의도 했는데요. 일반인을 대상으로 하는 강의에서는 '최대한 빨리 종잣돈 1억 원을 만들어야 한다'라는 얘기를 자주 했습니다. 그러면서 자연스럽게 20대에 1억 원을 마련하신 분도 만나고, 50대가 되어도 1억 원을 만들지 못한 분도 만났습니다. 1억 원을 만들었다는 것은 2가지 의미가 있습니다.

첫째, 1억 원을 만들면 '자신감'이 생깁니다. 1억 원을 만든 경험이 있기 때문에 2억 원도, 3억 원도, 10억 원도 가능하다고 생각합니다. 반면 1억 원을 만들어보지 못한 사람은 '1억 원 만들기가 어디 쉬운가?'라며 지레 포기하고, '1억 원 만든다고 뭐가 달라지나'라며 자신을 합리화합니다. 이 책을 읽는 독자님은 1억 원을 빨리 만들고, 10억 원에 도전하는 선택을 했으면 좋겠습니다.

둘째, 1억 원을 만들면 돈을 불리는 '파이프라인'이 생깁니다.

1천만 원으로는 10% 수익이 나야 1백만 원에 불과하지만, 1억 원으로 10% 수익이 나면 1천만 원이나 됩니다. 똑같은 수익률이지만 불어난 돈의 크기가 다릅니다. 그리고 1억 원을 더 크게 불릴 방법이 많습니다. 우량주 중심으로 다양하게 분산투자를 할 수도 있고, 대출을 받아 부동산에 투자할 수도 있습니다. 1천만 원 있을 때보다 훨씬 유리한 조건으로 훨씬 더 좋은 자산에 투자할 수 있습니다. 그러니 1억 원이 마련된 다음부터는 자산의 증가속도가 훨씬 더 빨라집니다.

40세인 S씨가 종잣돈 1억 원을 굴려 60세 이후 노후자금으로 활용하고자 합니다. 어떻게 하는 것이 좋을까요? 20년 동안 예금에 넣어두는 것은 적절하지 않습니다. 금융상품은 저축형상품과 투자형상품으로 나뉘는데요. 저축형상품은 예금·적금 등과 같이 원금손실 가능성은 없지만 수익률이 낮은 상품입니다. 반면에 투자형상품은 주식·펀드 등과 같이 원금손실 가능성은 있지만 수익률이 높은 상품입니다. 저축형상품에 넣을 것이냐? 투자형상품에 넣을 것이냐는 사람마다 다릅니다. 하지만 일반적인 기준은 다음과 같습니다. 첫째, 단기투자는 저축형상품이 유리하고, 장기투자는 투자형상품이 유리합니다. 예컨대 주식, 펀드 등은 단기적으로는 손실이 날 수 있으나 10년, 20년 장기투자 하는 경우는 큰 수익이 나는 경우가 많기 때문입니다. 둘째, 여웃돈이 적어

돈 걱정 없는 노후를 위한 은퇴세팅법

하나의 상품밖에 선택할 수 없다면 저축형상품이 유리하고, 여 윳돈이 많아 여러 개의 상품에 분산투자할 수 있다면 투자형상 품이 유리합니다. 그렇다면 S씨는 어떤 상품이 유리할까요? 40세 인 S씨는 60세 이후에 쓸 노후자금 목적이므로 20년 이상 장기 투자 할 수 있고, 여윳돈이 1억 원이나 되므로 여러 상품에 분산 투자 할 수 있습니다. 따라서 투자형상품 중심으로 세팅하는 것 이 유리하다고 볼 수 있습니다.

  S씨가 투자기간을 20년 이상 잡고 1억 원을 투자형상품으로 세팅한다면, 〈표25〉와 같이 5가지 상품으로 나누어 투자하는 것 이 좋다고 생각합니다. 제가 지금 40세라면 고배당 ETF에 2천만 원, 성장형 ETF에 1천8백만 원, 해외주식 ETF에 2천만 원, 리츠 ETF에 2천만 원, 채권 ETF에 2천2백만 원 투자할 것입니다. 첫 째, 고배당 ETF 2천만 원은 ISA계좌에 넣을 것입니다. 그리하면 투자한 2천만 원에서 발생하는 배당소득에 대하여 비과세 혜택 을 받을 수 있기 때문입니다. 둘째, 성장형 ETF는 IRP계좌에 3백 만 원, 연금저축계좌에 1천5백만 원으로 나누어 넣을 것입니다. 그리하면 매년 9백만 원에 대한 세액공제 혜택을 받을 수 있습니 다. 셋째, 해외주식 ETF에도 2천만 원 투자함으로써 해외시장이 좋을 때 혜택을 받을 수 있는 여건을 만들 것입니다. 넷째, 리츠 ETF에 2천만 원 배정하여 유망 부동산에도 간접투자 될 수 있

도록 하겠습니다. 이 경우도 ISA 납입한도가 남아 있으면 ISA계
좌를 활용하여 비과세 혜택을 받을 것입니다. 다섯째, 나머지 2
천2백만 원은 채권 ETF에 투자할 것입니다. 채권 ETF는 주식에
투자하지 않고 채권에만 투자하므로 안정적인 수익을 기대할 수
있기 때문입니다. 이 경우도 ISA 납입한도가 남아 있으면 ISA계
좌를 활용하여 비과세 혜택을 받을 것입니다.

<표25> 40세 SMI 종잣돈 1억원, 노후준비자금 세팅(예시)

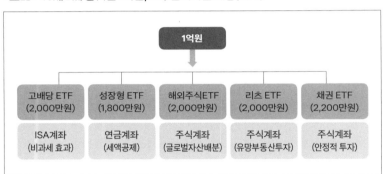

이러한 노후자금 세팅은 주식, 채권, 부동산 등 3대 자산에
ETF 형태로 분산투자한 포트폴리오입니다. ETF 형태로 투자하
는 것이므로 개별자산에 직접 투자하는 것보다 손실위험을 줄일
수 있습니다. 그리고 투자형상품 중심으로 세팅했으므로 20년
이상 장기투자 하는 경우 저축형상품보다 훨씬 높은 수익을 기대
할 수 있습니다. 이렇게 세팅하여 매년 10%의 수익이 난다고 가

돈 걱정 없는 노후를 위한 은퇴세팅법

정하면, 7년 후에는 2억 원, 14년 후에는 4억 원, 22년 후에는 8억 원이 될 것입니다. 물론 반드시 이렇게 된다는 것은 아닙니다. 시장상황에 따라 이보다 더 좋을 수도 더 나쁠 수도 있습니다. 하지만 투자형상품의 속성상 위험을 부담한 만큼 수익도 큽니다. 저는 투자시장에 대하여 좀 알고 있기 때문에 이와 같은 세팅이 좋다고 생각하지만, 독자님들 중 원금보장과 안정성을 중시하는 분이 있다면 이러한 세팅이 좋지 않으니, 무시하셔도 됩니다.

Chapter 06

나는 직장퇴직 후에도
제2의 월급을 받는다!
어떻게?

저의 지인 L씨는 노후자금을 많이 준비해 놓아서 은퇴해도 돈 걱정 없이 살 수 있다고 했습니다. 또 다른 지인 M씨는 코인 투자로 모아두었던 노후자금을 모두 날려 버렸다며 노후가 정말 걱정된다고 했습니다. L씨처럼 노후자금만 준비되어 있으면 무조건 돈 걱정 없이 살 수 있을까요? 꼭 그런 것 같지는 않습니다. L씨는 퇴직 후 커피숍을 시작했는데, 코로나19가 전 세계를 강타하면서 거금 5억 원만 날리고 커피숍을 접어야 했습니다. 퇴직금 3억 원을 받았는데 주식투자로 날린 분도 있고, 자녀 2명 결혼시키고 났더니 노후자금이 다 없어졌다고 하는 분도 있습니다. 모두 그런 것은 아니겠지만, 노후자금이 마련되었다고 하여 반드시 돈 걱정 없는 노후가 보장되는 것은 아닌 듯합니다.

돈 걱정 없는 노후를 위하여 꼭 필요한 한 가지가 있다면 그것은 무엇일까요? 그것은 '제2의 월급창구를 만드는 것'입니다. 저는 저의 동기들보다 10년 정도 일찍 퇴직했는데요. 퇴직 후 직장생활을 하지 않으면서도 직장생활 하는 것과 같은 수입을 만들어 안정적인 생활을 하고 있습니다. 그것은 바로 저만의 월급창구를 만들었기 때문입니다. 일단 제가 직장을 그만두고도 안정적인 생활을 할 수 있게 한 저의 콘텐츠 활용 사례를 말씀드리겠습니다. 저의 사례를 보고 독자님도 독자님만의 월급창구를 만들었으면 좋겠습니다.

제2의 월급창구를 만들기 위해서는 직장경력을 최대한 활용하는 것이 좋습니다. 저는 은행, 보험사, 증권사 등 금융기관에서만 20여 년 직장생활을 했습니다. 다양한 금융지식을 쌓을 수 있었고, 각계각층의 고객을 만날 수 있었습니다. 금융기관에서는 직급이 올라갈수록 영업실적에 대한 부담이 매우 큽니다. 내성적인 성향인 저는 영업을 잘하지 못했고 실적도 평균 이하였습니다. 그래도 뭔가 해 보겠다는 마음으로 금융 관련된 책을 쓰기 시작했습니다. 퇴근 후 시간이나 주말에는 책 쓰는 데 집중했습니다. 출퇴근 전철 안에서도 책을 썼습니다. 책을 쓰기 시작하면서 회사 각 부서의 사람들로부터 책에 쓸 만한 좋은 자료도 얻을 수 있게 되었습니다. 저의 책이 출간되고 읽히면서 금융투자협회·대학·상장법인 등 다양한 곳에서 강의하게 되었습니다. 어느 순간부터 인세와 강의료가 제2의 월급이 되었습니다. 제 직장생활에서 월급보다 제2의 월급이 많아졌을 때 퇴직했습니다. 그리고 지금까지 직장인 못지않은 제2의 월급이 계속 들어오고 있습니다.

　가끔 같이 근무했던 동기들을 만나면 '직장생활하면서 어떻게 그렇게 많은 책을 쓸 수 있느냐?'고 묻습니다. 그럴 때마다 '영업을 못 하니 책이라도 써야지'라고 했습니다. 못하는 것을 잘하려고 하는 것보다 '잘하는 것을 더 잘하는 것이 좋다'고 생각했어요. 독자님은 어떻습니까? 지금 다니는 회사에서 일을 잘하고 있습니까? 잘하지 못하고 있습니까? 저처럼 잘하지 못해도 괜찮습니다. 잘하지 못한다고 주눅들 필요도 없고 자책할 필요도 없습니다. 하지만 회사 일에 내가 잘하는 것을 접목할 수는 있어야 합니다. 그것이 제2의 월급을 만들어줄 수 있거든요. 저도 금융 영업은 잘하지 못했습니다. 그러나 금융 및 투자에 관련된 글은 잘쓸 수 있었습니다. 제가 잘하는 것을 회사 일과 접목하니까 회사도 좋고, 저도 일하기가 편해졌습니다. 책을 쓰면 사장님께서 추천사를 써 주시기도 하고, 금융직원을 대상으로 금융실무 강의도 하게 되고, 일반 직장인을 대상으로 자산관리 강의도 하게 되었습니다. 그렇게 쓴 책이 20권을 넘었고, 그렇게 한 금융 및 투자 강의는 1천 회를 훨씬 넘어섰습니다.

직장경력을 활용한 제2의 월급창구(저술&강의)

저에게 제2의 월급창구가 되었던 또 하나는 '캘리그라피'입니다. 캘리그라피는 서예와 비슷하기는 한데, 서예처럼 형식에 맞게 쓰는 글씨가 아니라 자신의 감정과 생각에 따라 자유롭고 개성 있게 쓰는 글씨라고 보면 됩니다. 저는 어렸을 때부터 글씨 쓰는 것을 좋아했습니다. 직장퇴직 후, 캘리그라피를 매일 쓰면서 인스타그램에 올렸습니다. 캘리그라피로 수입을 올릴 수 있는 방법도 알게 되었습니다. 캘리그라피를 활용하여 컵, 달력, 엽서 등을 만들어 네이버 스마트스토어에서 판매하였습니다. 나중에 책과 강의 수입이 적어지면 캘리그라피를 적극적으로 활용하여 수입을 늘리려고 합니다. 캘리그라피는 저의 취미생활이기도 하면서 추

취미활동을 활용한 제2의 월급창구[캘리그라피]

가 수입을 올릴 수 있는 도구가 될 것으로 기대됩니다.

퇴직 후 추가 소득을 얻기 위해 다시 다른 직장을 구하려는 분들이 많습니다. 하지만 직장 구하기도 쉽지 않을뿐더러 오래 근무할 수도 없습니다. 새로운 직장에 적응하는 것도 어렵고, 월급도 많이 받지 못합니다. 연봉이 꽤 많았던 대기업 임원들도 퇴직하는 순간 바보가 된다는 말이 있습니다. 직장 다닐 때 잘 나가던 분들도 퇴직하고 나면, 다시 받아주는 회사도 없고, 알아주는 사람도 없는 외톨이가 됩니다. 회사에 의지하지 않고서도, 다른 사람에게 의지하지 않고서도 돈을 벌 수 있는 자신만의 콘텐츠를 준비해야 한다고 생각합니다. 돈을 벌 수 있는 자신만의 콘텐츠가 있으면 돈 걱정 없는 노후가 보장됩니다. 저의 콘텐츠는 책, 강의, 캘리그라피 등입니다. 최근에는 '송영욱 TV'라는 유튜브도 시작했습니다. 이런 것들이 제2의 월급창구이고, 저의 돈 걱정 없는 노후를 보장할 것입니다.

'송영욱TV'에서는 제가 20년간 은행, 보험사, 증권사에서 경험한 재테크 노하우와 자산세팅 방법 등을 매주 2회씩 소개하고 있습니다. 많이 방문하셔서 서로 좋은 정보도 공유하고 자산도 불릴 수 있는 기회가 되었으면 좋겠습니다.

자신의 콘텐츠를 활용한 제2의 월급창구(송영욱TV)

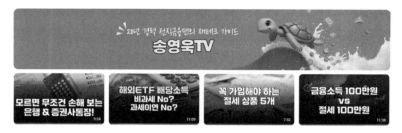

독자님은 어떤 콘텐츠가 있으신가요? 독자님의 경력, 잘하는 것, 좋아하는 것을 활용하여 돈 벌 수 있는 구조를 만들어보십시오. 고민만 하지 마십시오. 지금 당장 실행해야 합니다. 제가 아는 지인은 10년 전부터 노후 걱정을 하고 있었는데, 최근 만나보니 지금까지도 걱정만 하고 있더군요. 걱정만 하고 있으면 뭐 합니까? 오늘 당장 0.1%라도 노력하고 실행해야지요! 자신만의 콘텐츠가 아직 없다면 자기 능력 중 잘하는 것, 좋아하는 것 중에서 하나를 찾아 지금부터 하나씩 하나씩 실행해 보십시오. 하루 0.1%씩만 실행해도 3년이면 나만의 콘텐츠를 만들 수 있습니다. 그리하면 돈 걱정 없는 노후도 가능합니다.

또 명심해야 할 것은 자신의 콘텐츠로부터 돈이 들어오는 구조로 만들 수 있는 노력을 해야 합니다. 자신의 콘텐츠와 관련된 책도 읽고, 관련 유튜브도 보고, 관련된 사람들도 만나야 합니다. 블로그나 인스타그램을 활용하는 것도 좋습니다. 이런 도

돈 걱정 없는 노후를 위한 은퇴세팅법

구들은 광고비용 없이 홍보할 수 있고, 구독자가 많아지면 그 안에서도 돈을 벌 수 있잖아요. 처음부터 잘하려는 생각은 버리고, 시행착오를 겪더라도 3년 정도 자신만의 콘텐츠를 만드는 데 집중해 보십시오.

월급세팅을 위한 체크리스트 및 평가

☑ 당신의 돈 관리 통장은 몇 개입니까?

① 1개　　　② 2개　　　③ 3개　　　④ 4개

돈 관리 통장이 1개이면 부자 될 가능성이 거의 없고, 4개이면 부자 될 가능성이 높다고 판단됩니다. 똑똑한 부자들은 돈 관리 통장을 '목적에 맞게 4개의 통장으로 분리'하여 관리합니다. 모든 수입을 집중시키는 위한 <수입통장>, 수입의 일정 비중을 투자(또는 저축)하기 위한 <투자통장>, 지출을 일정 수준으로 통제하기 위한 <지출통장>, 그리고 긴급한 사유로 돈을 써야 할 경우를 대비한 <예비통장> 등 4개의 통장으로 분리하여 관리하는 것이 효율적이라고 할 수 있습니다.

☑ 당신(가구 기준)은 월수입 대비 투자(저축 포함)비중이 얼마나 되나요?

① 10% 미만　　　　　② 10%~ 25% 미만

③ 25% ~ 40%　　　　④ 40% 이상

우리나라 가구의 월수입 대비 투자(저축 포함)비중의 평균치는 25% 수준입니다. 따라서 ①또는 ②를 선택하신 분은 평균치에도 미달하므로 매우 분발하셔야 합니다. 1차 목표를 ③, 2차 목표를 ④로 잡고 월급세팅을 실행하십시오. 돈 관리를 잘하여 부자가 되신 분들은 월수입 대비 40% 이상을 저축하였다는 것을 명심해야 한다고 봅니다. 책에서 제시한 월급세팅을 1년만 실행하여도 가시적인 성과가 나타날 것입니다.

☑ 당신(가구 기준)은 월수입 대비 지출 비중이 어느 정도 되나요?
　① 90% 이상　② 75% 이상　③ 60% ~70%　④ 60% 미만

우리나라 가구의 월수입 대비 지출비중의 평균치는 75% 정도입니다. ①또는 ②를 선택하신 분은 매우 심각합니다. 이렇게 하면 돈에 쫓기며 사는 불행한 삶이 됩니다. 매월 1%씩이라도 지출을 줄이는 노력을 해보십시오. 그리고 지출통장을 만들어 한 달 쓸 수 있는 돈만 넣어 놓고, 그 범위 내에서만 쓰는 습관을 길러야 합니다. 이를 위하여 신용카드는 당장 없애버리고 체크카드를 활용하는 것이 좋습니다. 1차 목표를 ③, 2차 목표를 ④로 잡고 1년만 꾸준하게 지속하면 누구나 달성할 수 있습니다.

☑ 당신(가구 기준)은 총자산이 얼마나 되나요?
　① 3억 미만　② 3억 ~ 5억　③ 5억 ~ 10억　④ 10억 이상

우리나라 1가구당 평균 자산은 5.4억 원(2024년 기준)인데, 연령대를 고려해서 판단해야 한다고 봅니다. 통상 50대 이상의 가구가 자산이 많고, 20대나 30대 가구는 자산이 적습니다. 따라서 20대라고 하면 자산이 3억 미만이라고 하여 가난한 것은 아니고, 30대에 자산이 5

억 미만이라고 하여 평균 이하라고 판단하는 것은 잘못된 판단입니다. 하지만 '50대까지는 1가구 평균자산을 초과할 수 있도록' ③ 또는 ④를 목표로 관리해야 합니다. 그리고 이미 평균자산을 초과하신 분이라면 풍요로운 노후를 위해 연금자산 중심으로 늘려가는 것이 필요합니다. 노후생활비를 책정하는 것이 바람직해 보입니다.

☑ 당신(가구 기준)은 순자산을 늘리기 위해 어떤 노력을 하고 있나요?
　① 신경 쓰지 못하고 있다.
　② 목표금액과 목표기간을 정해놓았다.
　③ 목표금액, 목표기간에 맞추어 매월 일정금액을 적립하고 있다.
　④ 목표금액, 목표기간보다 일찍 달성하기 위해 매년 5%씩
　　월 적립금을 높이고 있다.

총자산보다 부채를 뺀 순자산을 늘리는 것이 중요합니다. '60세 순자산 10억'과 같은 목표를 먼저 세우십시오. 그리고 목표를 달성하기 위한 매월 납입액을 꾸준히 투자(또는 저축)해야 합니다. ①의 경우는 심각한 상태로 빨리 계획을 잡아야 합니다. ②의 경우는 빨리 실행하면 되구요. ③의 경우는 잘하고 있으나 매년 적립액을 상향하는 노력이 필요합니다. ④의 경우가 순자산을 늘리기 위한 가장 바람직한 모습입니다.

☑ 당신의 자산 중 부채비중은 얼마나 되나요?
　① 50% 초과　② 30% ~ 50%　③ 10% ~ 30%　④ 부채 없음

'부채는 전체 자산 대비 30% 이하로 관리'하는 것이 좋습니다. 현재 당신의 대출이 전체 자산 대비 30% 초과 상태라면 일부 상환을 통하여 대출비중을 30% 이하로 낮추는 것이 유리합니다. ①은 매우 심각한 상태로 대출상환에 집중해야 합니다. ②의 경우도 조금씩이라도 원금상환을 해 나가는 것이 바람직합니다. 저는 ③이 가장 적절한 부채수준이라고 생각합니다. 한편 ④와 같이 부채가 전혀 없는 분은 반드시 좋다고 볼 수는 없습니다. 왜냐하면 부채를 잘 활용하는 것도 빨리 부자되는 방법 중 하나거든요.

☑ 당신이 실제 가입한 절세 및 노후 관련 상품에는 어떤 것이 있습니까?
① 아직 없다   ② ISA
③ ISA, 연금저축   ④ ISA, IRP, 연금저축

무조건 ④와 같이 세팅하십시오. 이들 상품은 젊은 세대일 때는 세금혜택이 커서 좋고, 노후 세대일 때는 연금으로 활용할 수 있어 좋습니다. 20대·30대라도 이런 상품에 가입해서 단돈 1만 원이라도 넣어두십시오. 지금 가입해 두면 이 상품의 판매기간이 종료되어도 계속하여 세제혜택을 받을 수 있기 때문입니다. 노후가 가까워진 40대·50대라면 이들 상품 중심으로 저축해야 합니다. 따라서 나이에 상관없이 ④는 필수입니다.

Part 3

연금세팅

노후자금,
현실적으로 어떻게
모아야 할까요?

Chapter 01

평범한 사람들의
노후준비는 얼마나?

노후자금에 대하여 깊이 고민하는 연령대는 퇴직을 앞둔 50대입니다. 노후자금 10억이 필요하다, 20억이 필요하다는 등의 기사는 50대에게 공포감을 불러일으킬 만큼 충격적입니다. 통계청 가계금융복지조사(2024년 기준)에 따르면 우리나라 50대 가구의 총자산은 6억 원 정도인데, 이 중 부채를 제외한 순자산은 5억 원 정도입니다. 그리고 노후준비가 '잘되어 있다'라고 답변한 사람은 고작 8%에 불과합니다. 한편, 부부기준 노후 적정생활비는 월평균 330만 원 정도로 조사되었습니다.

그렇다면 노후자금은 얼마나 준비되어 있어야 할까요? 물론 개인별 자산 및 소비수준에 따라 다를 것입니다. 여기서는 부부기준 노후 적정생활비(월 330만 원)를 기준으로 알아보도록 하겠습니다. 은퇴 후, 노후자금 계산법으로 '25배의 법칙'이란 것이 있습니다. 25배 법칙은 미국의 스콧 리킨스의 저서 '파이어족이 온다.'에서 나온 것으로, 1년 생활비의 25배를 모으면 은퇴 후 경제적 자유를 달성할 수 있다는 것을 의미합니다. 이 법칙에 근거해서 노후자금을 계산해 보겠습니다. 노후 적정생활비가 월평균 330만 원이라고 하면 1년 생활비는 3천960만 원(=330만 원×12개월)입니다. 1년 생활비 3천960만 원에 25를 곱하면 9억 9천만 원입니다. 대략 10억 원 정도 되는 셈이죠. 10억 원을 연 4% 정도로 운용하면 매년 4천만 원의 수익이 생깁니다. 4천만 원을 1년 동안 생활비로 책정한다면 월 333만 원 쓸 수 있습니다. 평생토록 원금 10억 원을 보유하면서 연 4%의 수익(연 4천만 원)으로 생활한다면 돈 걱정 없는 노후를 보낼 수 있다는 것이지요. 그리 살다가 돌아가시면 원금 10억 원은 자식에게 상속됩니다. 부모는 자식에게 노후를 책임지지 않게 해서 좋고, 자식은 부모자산을 상속받아서 좋은 구조입니다.

독자님, 돈 걱정 없는 노후를 위해 10억 원 준비되었나요? 우리나라 50대 가구의 평균 순자산은 5억 원 정도입니다. 10억 원을 만들려면 아직도 5억 원이 부족합니다. 어떻게 해야 할까요? 이미 나이는 50살이고, 퇴직이 가까워져 오는데 부족한 5억 원을 만들 수 있을까요? Yes! 물론 당장 5억 원이 생기게 할 수는 없지만, 예금 5억 원이 있는 것과 같은 효과를 낼 수는 있습니다. 〈표 26〉에 답이 있으니 한번 보시기 바랍니다.

연 3% 주는 예금에 5억 원을 예치하면 매월 125만 원의 이자를 받을 수 있습니다. 이것을 소득의 관점에서 보면, 매월 125만 원만 벌 수 있다면 예금 5억 원 예치한 것과 같다고 볼 수 있습니다. 연 3% 주는 예금에 10억 원을 예치하면 매월 250만 원의 이자를 받을 수 있습니다. 이것을 달리 표현하면, 매월 250만 원만 벌 수 있다면 예금 10억 원 예치한 것과 같은 효과가 있습니다.

<표26> 예금액별 월이자 수령액(예시)

예금액	이자율	1년 이자	월 이자수령액
1억원	3%	3,000,000	250,000
2억원	3%	6,000,000	500,000
3억원	3%	9,000,000	750,000
4억원	3%	12,000,000	1,000,000
5억원	3%	15,000,000	1,250,000
6억원	3%	18,000,000	1,500,000
7억원	3%	21,000,000	1,750,000
8억원	3%	24,000,000	2,000,000
9억원	3%	27,000,000	2,250,000
10억원	3%	30,000,000	2,500,000

그러니 퇴직하더라도 월 125만 원을 벌 수 있다면 5억 예금자와 다를 바 없습니다. 월 250만 원을 벌 수 있다면 10억 자산가를 부러워할 것도 아닙니다.

최근 1천만 명에 육박하는 2차 베이비붐 세대가 퇴직하고 있습니다. 하지만 퇴직했다고 소득활동을 중단하는 분들은 거의 없습니다. 대부분 퇴직 후에도 재취업을 하거나 창업하는 등 소득활동을 계속합니다. 보험개발원에서 우리나라 50대 은퇴가구의 월 소득을 조사해 봤더니 월평균 259만 원(2023년 기준)이라고 합니다. 이 정도의 월 소득은 예금에 10억 원을 예치한 것과 같은 효과가 있습니다. 그리고 대부분의 퇴직자는 국민연금을 납입하고 있었습니다. 2024년 기준 직장생활 20년 이상 하신 분들의 국민연금 평균 수령액은 104만 원입니다. 매월 100만 원 정도 국민연금을 받는다는 것은 〈표26〉을 기준으로 본다면 4억 원 정도 자산이 있는 것과 같은 효과가 있습니다.

최근 50대 은퇴가구의 월평균 소득은 259만 원이고, 국민연금 예상수령액 평균은 104만 원이므로 이 두 가지만 합해도 월 362만 원입니다. 평균적인 소득활동을 하고, 평균적인 직장생활을 했다고 하면 노후 적정생활비(330만 원) 걱정은 하지 않아도 될 것 같습니다. 그런데도 대부분의 퇴직자가 생활비에 쪼들리며 사는 이유는 무엇일까요?

가장 큰 이유는 퇴직시점과 국민연금 수령시점이 다르기 때문입니다. 통상 직장인들은 55세 전후하여 퇴직하는데, 국민연금은 65세 전후하여 받게 됩니다. 55세부터 65세까지 10년간의 공백 기간이 있습니다. 이 기간은 소득은 적으면서 지출은 많은 시기입니다. 퇴직한 후에도 소득활동을 한다고 하나 예전만 못합니다. 반면에 보험료는 갈수록 높아지고, 공과금 및 관리비도 오르고, 아직 졸업하지 않은 자녀의 학자금·아직 취업하지 못한 자녀의 부양·자녀가 결혼하게 되는 경우 결혼비용 부담 등 써야 할 돈은 끝이 없습니다. 어떻게 해야 할까요? 방법은 있습니다.

　아직 퇴직하지 않으신 분이라면 10년간의 공백기간에 대비하여 딱 2가지만 지키십시오. 첫째는 퇴직금 중간정산 하지 마십시오! 제가 아는 분 중에도 퇴직금 중간정산한 분이 많이 있는데, 퇴직 후 대부분 후회하고 있습니다. 퇴직금을 중간정산해서 써버리면 정말 잘못하는 것입니다. 혹시 돈이 필요하면 대출을 활용하시는 편이 낫다고 봅니다. 둘째는 연금상품에 매월 75만 원 이상 납입하십시오! 저도 매월 연금저축 50만 원, IRP 25만 원은 어떤 일이 있어도 납입하고 있습니다. 퇴직급여와 연금상품만 잘 유지하면 퇴직 후 10년의 공백기간을 큰 경제적 부담 없이 보낼 수 있습니다. 주의할 것은 돈이 부족하다고 국민연금을 조기수령하면 안 됩니다. 정상적으로 수령하는 것보다 손해가 너무 큽니다(상세내용을 후술). 주택연금도 이때 이용하면 안 됩니다. 주택연금은 소득활동을 전혀 할 수 없는 상황이 되었을 때 마지막 선택사항이라고 생각했으면 좋겠습니다.

Chapter 02

국민연금 잘못 수령하면 큰코다친다구요?

국민연금 5년 빨리 받으면 좋을까? 나쁠까?

국민연금은 18세 이상 60세 미만 국민이면 가입할 수 있으며, 10년 이상 가입해야 받을 수 있습니다. 국민연금은 〈표27〉과 같이 출생 연도에 따라 받는 시점이 정해져 있는데, 통상 60세 이후 노령이 되었을 때 받기 때문에 '노령연금'이라고도 합니다. 국민연금은 정상 수령 시점보다 최대 5년 빨리 받을 수 있는 '조기 노령연금제도'가 있는데요. 최근 퇴직자가 급격하게 늘어나고, 연금고갈 이슈가 주목받으면서 조기 노령연금을 신청하는 분들이 많아지고 있습니다. 국민연금 조기 수령은 3가지 요건을 충족해야 합니다. 첫째 만 55세 이상일 것, 둘째 국민연금 가입기간이 10년 이상일 것, 셋째 신청자의 월 소득이 국민연금 가입자의 평균 월 소득(약 309만 원)을 초과하지 않을 것 등입니다.

〈표27〉 출생연도별 국민연금 받는 시점

구분	1953~1956 년생	1957~1960 년생	1961~1964 년생	1965~1968 년생	1969~ 년생
정상 노령연금 수령 시점	61세	62세	63세	64세	65세
조기 노령연금 수령 시점	56세	57세	58세	59세	60세

국민연금을 5년까지 앞당겨 받을 수 있으면 좋을 것 같지만, 사실은 엄청난 손해를 감수해야 합니다. 왜냐하면 조기 노령연금은 정상 노령연금보다 연금액이 연 6%씩 적게 나오기 때문입니다. 노령연금을 5년을 앞당겨 받으면 30% 감액된 연금을 받게 됩니다. 따라서 가능한 한 조기 노령연금은 신청하지 않는 것이 좋습니다. 조기 노령연금은 일찍 연금을 받는다는 장점이 있지만 손해가 너무 커서 '손해연금'이라고 표현해도 과언이 아닙니다. 얼마나 손해를 보게 되는 걸까요? 〈표28〉를 한번 보시기 바랍니다. 이 표는 65세 정상 노령연금 150만 원 받을 수 있는 김갑돌 씨가 5년 빨리 조기 노령연금을 받게 되면 얼마나 손해가 나는지를 계산한 것입니다. 물가상승률 1.85%, 재평가율 4.21%를 가정한 것이므로, 100% 정확한 것은 아니지만 대략의 손해액을 짐작할 수 있습니다.

〈표28〉 김갑돌씨의 국민연금 조기 수령 시 손해액[예시]

구분	노령연금 수령액		조기수령 시 손해액	
	65세부터 정상수령 시	60세부터 조기수령 시	월기준	연기준
60세	0	105만 원		
65세	188만원	115만원	73만원	870만원
70세	202만원	126만원	76만원	910만원
80세	335만원	243만원	92만원	1,100만원

(가정 : 65세 정상수령액 150만원, 물가상승률 1.85%, 재평가율 4.21%)

돈 걱정 없는 노후를 위한 은퇴세팅법

김갑돌 씨는 조기 노령연금을 신청하여 5년 빠른 60세부터 매월 105만 원을 받기로 하였습니다. 그렇게 함으로써 정상 노령연금으로 받을 수 있는 150만 원보다 45만 원 적은 금액을 받게 됩니다. 김갑돌 씨가 65세가 되면 그 차이는 더 벌어집니다. 65세 정상 노령연금은 물가상승률이 반영되어 188만 원을 받을 수 있었는데, 조기 노령연금을 받았기 때문에 73만이 적은 115만 원만 받게 됩니다. 조기 노령연금을 선택하면 시간이 갈수록 감액의 효과는 더 커집니다. 65세에는 정상 수령할 때보다 연간 870만 원을 적게 받게 되고, 70세에는 연간 910만 원 적게 받게 되고, 80세에는 연간 1,100만 원 적게 받게 됩니다. 나이가 들수록 소득도 줄어들 터인데, 연금액도 적어지니 손해의 정도가 더 커집니다.

조기 노령연금은 손해연금입니다. 손해를 보는 기간도 5년에 그치지 않고, 평생 따라가면서 손해액을 더욱더 증가시킵니다. 따라서 가능하면 조기 노령연금을 신청하지 않는 것이 유리합니다. 조기 노령연금을 신청하지 않아도 될 만큼의 개인연금을 미리 준비하거나, 퇴직 후에도 생계를 유지할 정도의 소득활동을 계속하는 방법을 택하는 것이 바람직합니다.

소득이 있으면 국민연금을 적게 준다니, 그게 말이 돼요?

　이기동 씨는 퇴직 후 국민연금을 받고 있습니다. 하지만 국민연금만으로는 생활이 어려워 이런저런 일을 하면서 돈을 벌고 있습니다. 그런데 그의 친구인 박철수 씨로부터 '소득이 있으면 국민연금이 감액된다.'라는 말을 듣게 되었습니다. 국민연금이 적어서 돈을 벌고 있는데, 돈 번다고 국민연금을 적게 준다니… 그게 말이 됩니까? 말이 안 되는 것 같은데, 소득이 있으면 국민연금이 감액될 수 있습니다. 하지만 소득이 있다고 무조건 국민연금을 감액되는 것은 아닙니다. 소득이 국민연금 수급자의 월 평균소득액 이상일 때만 감액합니다. 국민연금 수급자의 월 평균소득액을 A값이라고 하는데, A값은 전년도 연말을 기준으로 산정하기 때문에 매년 조금씩 올라갑니다. 2025년 기준으로 볼 때 국민연금 수급자의 월 평균소득액(A값)은 3,089,062원입니다. 그러니 월 소득이 3,089,062원 을 넘지 않으면 국민연금은 한 푼도 감액되지 않습니다.

　그렇다면 월 소득이 3,089,062원을 넘어가면 국민연금을 감액한다는 것이잖아요. 만약 감액하게 된다면 얼마나 감액하는 것일까요? 이것은 A값과 실제 소득액에 따라 다릅니다. A값(국민연금 수급자의 월 평균소득액)이 300만 원이라고 가정할 때 <표29>에서 보는 바와 같이 월 소득액이 늘어남에 따라 국민연금 감액도 커집니다.

<표29> 월 평균소득액 초과 시 국민연금 수령액 감액[예시]

최근 3년간 월평균 소득액(300만원) 기준

월 소득액	월 평균소득액 대비 초과액	국민연금 수령액 감액
300만원	0	0
400만원	100만원	5만원
500만원	200만원	15만원
600만원	300만원	30만원
700만원	400만원	50만원

감액기준은 A값 초과소득의 5%~25% 감액합니다. 예를 들어 이기동 씨의 월 소득액이 300만 원 이하라면 국민연금 감액은 없습니다. 하지만 월 소득액이 400만 원이면 5만 원 감액, 월 소득액이 500만 원이면 15만 원 감액, 월 소득액이 700만 원이면 50만 원 감액됩니다. 다만, 월 소득이 증가함에 따라 감액도 커지지만, 원래 받는 국민연금의 1/2을 초과할 수는 없습니다. 따라서 월 소득이 많이 증가한다고 해도 국민연금을 한 푼도 못 받는 경우는 없습니다. 예를 들어 원래 받을 수 있는 국민연금이 월 200만 원인 경우, 월 소득이 2천만 원, 1억 원 등으로 증가한다 해도

국민연금 감액은 1/2인 100만 원까지만 가능하고, 나머지 100만 원은 무조건 받을 수 있다는 것입니다.

이처럼 국민연금은 소득이 많은 분들의 경우 감액제도를 시행하고 있습니다. 혹시 독자님이 그 대상이라면 억울하실 수 있겠지요. 하지만 국민연금제도는 소득재분배 역할을 하는 제도입니다. 그래서 소득이 많으신 분들에게는 조금 불리하게, 소득이 적으신 분들에게는 유리하게 만들어졌습니다. 하지만 너무 억울해하지는 않았으면 좋겠습니다. 감액되시는 분들은 기본적으로 소득이 많기 때문에 5%~25% 감액되더라도 생계에 큰 영향은 적을 것으로 생각합니다. 감액되는 5%~25%는 독자님보다 소득이 훨씬 적어 생계가 어려운 분들에게 기부된다고 생각하면 됩니다. '오른손이 하는 일을 왼손이 모르게 하라'라는 격언을 실천하여 선행한 것이라 여기면 될듯합니다.

국민연금 감액을 피할 수 있는 3가지 방법이 있습니다. 첫째, 소득활동을 하지 않으면 됩니다. 둘째, 소득활동을 하더라도 국민연금 수급자의 월 평균소득(A값)을 초과하지 않으면 됩니다. 하지만, 이런 방법은 자신이 경제능력을 일부러 축소하는 것이라 권하고 싶지 않습니다. 더 좋은 방법이 있거든요. 그것은 바로 국민연금 받는 시점을 뒤로 미루는 방법입니다. 일명 '연기연금'이라고 합니다.

연기연금은 국민연금 수급자가 희망하는 경우 1회에 한해 최대 5년까지 연금수령을 연기하는 제도입니다. 1년만 연기해도 되고, 2년만 연기해도 되고, 최장 5년까지 연기해도 됩니다. 최초 국민연금 신청 시 또는 연금을 수령하는 동안 연기연금을 신청할 수 있습니다. 연기연금을 신청하면 다음과 같은 점이 좋습니다. 첫째, 연기하는 동안 연금을 받지 않게 되므로 소득이 아무리 높아도 국민연금 감액이 없습니다. 둘째, 향후 매년 기본 연금액에 연 7.2%씩 가산된 연금을 받을 수 있습니다. 국민연금 수령을 5년 연기하면 무려 36%(7.2%×5년)나 더 많은 국민연금을 받게 됩니다. 예를 들어 국민연금 월 200만 원 받을 분이 5년간 연기연금을 신청하면 월 272만 원을 받게 됩니다. 그러므로 월 소득이 300만 원 넘는 분이라면 국민연금을 바로 수령하지 말고, 5년 후에 받도록 연기연금을 신청하는 것이 훨씬 유리합니다.

Chapter 03

국민연금 2배로 받는 방법이 있다구요?

우리나라는 65세 인구가 20%가 넘어서면서 초고령 사회가 되었습니다. 금리는 낮고 평균수명은 길어지고 있어 오래 사는 것이 부담스러워졌습니다. 퇴직 후 소득이 적어지면 더욱 불안할 수밖에 없습니다. 이럴 때 국민연금은 노후의 생계를 보장해 주는 역할을 합니다. 하지만 대부분의 사람은 국민연금 수령액이 그리 많지 않습니다. 국민연금 수령액을 늘릴 수 있는 방법은 없을까요? 있습니다! 아래에 소개하는 방법을 활용하여 국민연금 수령액을 2배까지 올리는 분도 있습니다.

첫째, '추납제도'를 활용하여 국민연금 수령액을 높일 수 있습니다. 추납(추후납부)제도는 실직·사업 중단·결혼·휴직 등으로 국민연금보험료를 납부하지 못한 기간이 있는 경우, 해당 기간의 국민연금 보험료를 납부하면 가입기간으로 인정해 주는 제도입니다. 추납제도를 활용하면 왜 좋을까요? 국민연금 수령액을 높이려면 가입기간을 늘려야 합니다. 추납을 통해 빠진 국민연금 가입기간을 채워주면 국민연금 수령액을 높일 수 있습니다. 저의 경우도 직장을 이직하는 중간 중간 국민연금보험료를 내지 못했던 기간이 있었는데, 추납을 통해 국민연금 수령액을 월 10만 원 이상 높일 수 있었습니다.

둘째, '임의계속가입제도'를 활용하여 국민연금 수령액을 높일 수 있습니다. 국민연금은 만 59세까지 의무적으로 납입해야 하지만, 만 60세부터는 납입하지 않아도 됩니다. 하지만 본인이 원하면 만 65세가 될 때까지 5년간 국민연금보험료를 계속하여 납입할 수 있습니다. 또 국민연금 가입기간은 최소 10년 이상이어야 하는데, 10년이 안 되는 분들의 경우 만 60세 이후에도 계속하여 5년간 국민연금보험료를 납부할 수 있습니다. 이러한 임의계속가입제도를 활용하면 국민연금 가입기간이 늘어나 국민연금 수령액도 높아지게 됩니다.

셋째, 앞에서 언급했던 '연기연금제도'를 활용하여 국민연금 수령액을 높일 수 있습니다. 연기연금제도는 국민연금 수급자가 희망하는 경우, 연금 수령 시기를 늦추어 연금수령액을 높일 수 있는 제도입니다. 최대 5년까지 연기할 수 있는데요. 1년 연기할 때마다 향후 연금수령액이 연 7.2%씩 높아집니다. 5년을 연기하는 경우 무려 36% 더 많은 연금을 받게 됩니다. 만 60세 이후에도 계속 소득활동을 하면서 국민연금보험료를 납부할 수 있는 분이라면 연기연금제도를 적극적으로 활용하는 것이 유리합니다.

넷째, '임의가입제도'를 활용하여 국민연금 수령액을 높일 수 있습니다. 국민연금은 만 18세 이상 만 60세 미만 국민이라면 의무가입 대상이 됩니다. 하지만 소득이 없는 만 27세 미만 학생,

군인·전업 주부 등은 의무가입 대상이 아닙니다. 의무가입 대상자가 아니라도 임의가입제도를 활용해 본인이 희망하는 경우, 국민연금에 가입할 수 있습니다. 특히 전업주부인 여성의 경우 남성보다 5년 이상 오래 살기 때문에 임의가입제도를 적극적으로 활용하는 것이 유리합니다.

다섯째, '반납제도'를 활용하여 국민연금 수령액을 높일 수 있습니다. 반납제도는 과거에 수령했던 반환일시금이 있는 경우, 이를 다시 납부해 가입기간을 복원하여 연금수령액을 늘릴 수 있는 제도입니다.

<표30> 우리나라 국민연금 소득대체율 추이

(2025.2.28 기준)

구분	1988년~1998년	1999년~2007년	2008년~2025년	2026년 이후
소득대체율	70%	60%	50% (매년 0.5%씩 감소)	법으로 정함

※ 법률 개정시 달라질 수 있음

〈표30〉에서 보는 바와 같이 소득대체율(평균 소득 대비 받게 될 연금 수령액의 비율)은 2008년부터 매년 50%에서 0.5%씩 낮아지고 있습니다. 반납 제도를 통해 소득대체율이 높은 과거의 가입기간을 복원하게 되면 연금 수령액이 많아지게 됩니다.

여섯째, '크레딧제도'를 활용하여 국민연금 수령액을 높일 수 있습니다. 국민연금 가입기간을 추가로 인정하는 제도인데요. 군복무·출산·실업 크레딧 등이 있습니다. 독자님에게 해당하는 크레딧이 있는지 체크해 보고, 해당하는 것이 있으면 꼭 활용하는 것이 유리합니다.

'군복무 크레딧'은 2008년 1월 이후 입대해서 6개월 이상 병역의무를 이행한 사람을 대상으로 국민연금 가입기간을 일정 기간 추가 인정해 주는 제도입니다. 현역병뿐만 아니라 전환복무자, 상근예비역, 사회복무요원, 국제협력봉사요원, 공익근무요원도 혜택을 받을 수 있습니다. 군대 다녀온 남성이라면 꼭 활용하기를 바랍니다. 단, 군복무 기간에 공무원연금법 또는 군인연금법 등 다른 공적연금 기간이 있었다면 그 기간은 인정되지 않습니다. 군복무 크레딧은 노령연금을 청구할 때 신청할 수 있으므로, 사전에 신청하지 않아도 됩니다.

'출산 크레딧'은 국민연금에 가입한 사람이 아이를 낳는 경우 국민연금 가입 기간을 추가로 인정해 주는 제도입니다. 저출산, 고령화 시대에 아이를 많이 낳는 것은 사회에 기여하는 행위라고 볼 수 있고, 경력단절로 연금 납부 시기가 줄어들 수밖에 없게 되는 여성 가입자의 연금수급권을 늘리기 위해 도입되었습니다.

자녀를 1명 이상 낳았다면 출산 크레딧을 활용하여 국민연금 수령액을 늘릴 수 있습니다. 출산 크레딧은 별도의 신청 절차가 없으며, 향후 노령연금 청구할 때 적용됩니다.

'실업 크레딧'은 직장을 구하면서 구직급여를 받는 사람이 국민연금 납부를 원할 경우, 국가가 국민연금보험료의 75%를 지원해 주는 제도입니다. 국민연금보험료의 25%를 본인이 부담하는 경우에만 최대 12개월간 지원받을 수 있습니다. 국민연금 가입기간을 늘릴 수 있어서 좋고, 국가가 75%를 지원해 주니 더 좋습니다. 지원기간은 구직급여 수급기간 동안 가능하며, 생애 최대 12개월까지 지원받을 수 있습니다. 단, 재산세 과세표준의 합이 6억 원을 초과하는 분은 신청할 수 없습니다.

이러한 방법을 활용하여 〈표31〉에서 보는 바와 같이 국민연금 수령액을 2배로 늘린 김갑순 씨의 예시를 한번 보겠습니다. 김갑순 씨는 현재 만 55세인데요. 추납제도, 임의계속가입제도, 연기연금제도를 활용하여 국민연금수령액을 64만 원에서 131만 원까지 올릴 수 있었습니다. 어떻게 했는지 구체적으로 살펴보겠습니다.

<표31> 국민연금 2배 받게 되는 김갑순씨[예시]

김갑순 현재 상황	현재나이 55세 연금수령 나이 65세	65세 연금예상수령액 64만원
추납	9만원 X 119개월 = 1,071만원	65세 연금예상수령액 64만원 + 12만원 = 76만원
임의계속가입	65세까지 국민연금 납입	65세 연금예상수령액 76만원 + 20만원 = 96만원
연기연금	연금수령시점을 5년 연장 (65세->70세)	70세 연금예상수령액 96만원 + 35만원 = 131만원

만 55세 김갑순 씨는 추납제도를 활용하여 직장 이직 또는 개인사업을 하는 동안 내지 못했던 119개월간의 국민연금보험료 1,071만 원을 그간 모아놓았던 돈으로 납부완료(추납) 하였습니다. 그랬더니 월 64만 원이었던 연금수령액이 월 76만 원으로 높아졌습니다.

그리고 60세부터 65세 될 때까지 임의계속가입제도를 활용하여 60세 이후에도 국민연금보험료를 5년간 계속 납부했습니다. 그랬더니 연금수령액은 월 96만 원으로 올라갔습니다.

김갑순 씨의 국민연금 수령시점은 만 65세부터인데, 연기연금 제도를 활용하여 국민연금 수령시점을 70세로 5년 연기했습니다. 그랬더니 연금수령액은 월 131만 원으로 높아졌습니다.

김갑순 씨는 55세부터 추납제도·임의계속가입제도·연기연금 제도를 활용한 덕분에 국민연금수령액이 64만 원에서 131만 원으로 2배 이상 증가하였습니다. 그뿐만 아니라 국민연금수령액은 시간이 갈수록 물가상승률을 반영하여 더 많이 주기 때문에 오래 살수록 더 많아집니다.

독자님들도 이런 제도를 활용하여 국민연금수령액을 늘려가는 준비를 지금 당장 시작하셨으면 좋겠습니다. 저의 경우에도 추납제도, 반납제도 등을 활용하여 향후 연금예상수령액을 기존보다 월 30만 원 이상 높여놓았습니다. 그리고 만 60세부터 임의계속가입제도도 활용하고, 65세부터 연기연금도 신청할 예정입니다. 그리하면 저도 현재의 국민연금 예상수령액보다 훨씬 많은 연금을 받을 것으로 기대됩니다.

다만, 이런 노력을 한다고 하여 무조건 2배 이상의 연금을 받게 되는 것은 아닙니다. 현재기준 국민연금 예상수령액이 월 100만 원 미만인 분들은 기술한 제도를 이용하여 연금수령액을 2배까지 높일 수 있습니다. 하지만 국민연금 예상수령액이 월 150만 원 이상인 분들의 경우에는 2배까지 올리기는 어렵습니다. 왜냐하면 소득이 높을수록 연금수령액 상승률을 낮게 책정하기 때문입니다. 그럼에도 불구하고 추납, 계속가입, 연기연금 등을 활용하는 것이 유리합니다. 국민연금은 '평생 지급'이 보장되기 때문에 오래 살수록 더 많은 연금을 안정적으로 받을 수 있습니다. 그리고 매년 물가상승률을 반영하여 연금수령액이 점점 높아지기 때문에 물가상승률을 반영하지 못하는 금융상품보다 훨씬 유리합니다.

Chapter 04

국민연금만으로
부족해요,
어떻게 해야 하죠?

회사생활도 바쁜데…
퇴직연금 디폴트옵션 정하라구?

다들 느끼시겠지만, 국민연금만으로는 노후생활비가 충분하다고 볼 수 없습니다. 국민연금을 보완할 수 있는 연금제도가 퇴직연금입니다. 최근 박철수 씨는 퇴직연금에 대하여 디폴트옵션을 설정하라는 은행직원의 전화를 받았습니다. 디폴트옵션이 뭔지도 모르는데… 어떻게 하라는 건지? TDF라는 상품을 지정하면 다 알아서 해 준다는데, 용어도 어렵고, 은행직원이 설명을 해 줘도 명확하게 이해할 수가 없습니다.

우리나라 퇴직연금제도는 2005년 12월부터 시행되었는데, 제도 시행 이래 적립금이 수익을 제대로 내지 못하고 방치됐습니다. 퇴직연금의 유형 중 DB형(확정급여형)은 회사가 운용해 주니 문제가 될 것이 없습니다. 반면, DC형(확정기여형)이나 IRP(개인형 퇴직연금)는 직장인 본인이 직접 운용해야 하는 것이라 수익관리가 제대로 되지 않았습니다. 직장인들로서는 바빠서 신경 쓸 시간이 없고, 투자운용에 대한 경험이 없었기 때문입니다. 또 원금손실을 꺼려하여 안정적인 예금 중심으로 운용되었습니다. 이러한 상황에서 퇴직연금의 수익률을 높이기 위해 도입된 제도가 '디폴트옵

돈 걱정 없는 노후를 위한 은퇴세팅법

션'입니다.

디폴트옵션은 DC형 퇴직연금과 IRP가입자가 퇴직연금에 적립된 돈이 현금성자산으로 방치되지 않도록 운용방법을 사전에 지정하는 제도입니다. 예를 들면 이렇습니다. 박철수 씨의 IRP에서 운용되는 예금이 만기가 되어 현금화되었습니다. 그 현금을 그대로 두면 수익이 안 나지요. 물론 만기가 되자마자 신속하게 박철수 씨가 수익률 좋은 상품에 가입하면 됩니다. 하지만 직장 생활에 바쁘다 보면 재투자를 잊어버리고 현금으로 놔둔 채 시간만 보내게 됩니다. 그렇게 되면 박철수 씨의 IRP 수익률은 매우 낮아질 겁니다.

이런 상황에 대비하여 박철수 씨가 미리 'A펀드'에 자동으로 투자될 수 있도록 지정해 놓으면, 박철수 씨가 직장 일로 바빠서 신경을 쓰지 못해도 자동 투자되므로 문제 될 것이 없습니다. 이처럼 만기가 된 적립금의 운용을 방치하고 있을 때, 특정상품에 자동으로 투자될 수 있도록 사전에 지정해 주는 것을 '디폴트옵션'을 지정했다고 말합니다. 즉, 디폴트옵션이란 DC형 퇴직연금과 IRP가입자가 적립금 운용방법을 정하지 않고 방치할 것에 대비하여, 퇴직연금의 운용방법을 사전에 지정해 두는 제도(사전지정운용제도)입니다.

그렇다면 디폴트옵션으로 활용할 수 있는 상품에는 어떤 것이 있는지 알아볼게요. DC형 퇴직연금과 IRP가입자는 금융회사가 제시하는 디폴트옵션 상품 중에서 자신에게 적합한 것을 선택할 수 있습니다. 디폴트옵션 상품은 일반적으로 위험수준에 따라 초저위험 상품·저위험 상품·중위험 상품·고위험 상품 등 4가지 유형으로 구분되어 있습니다. 초저위험 상품(원리금 보장상품)은 예금과 같이 원금과 이자가 보장되는 상품입니다. 반면에 저위험 상품·중위험 상품·고위험 상품(원리금 비보장상품) 등은 펀드와 같이 원금과 이자가 보장되지는 않지만, 위험부담 수준에 따라 높은 수익을 기대할 수 있는 상품입니다.

원금 보장을 중시하는 보수적 투자자라면 '초저위험 상품'을 선택하는 것이 좋습니다. 초저위험 상품 주로 정기예금으로 100% 구성되기 때문에 원금 손실위험은 없다고 볼 수 있습니다. 하지만 수익률이 매우 낮다는 단점이 있습니다.

원금손실을 최소화하고 안정적인 수익을 중시하는 투자자라면 '저위험 상품'을 중심으로 세팅하는 것이 좋습니다. 이런 성향의 분은 예금과 펀드를 혼합하여 포트폴리오를 구성하되, 펀드는 주식편입 비중이 상대적으로 낮은 채권혼합형 펀드가 유리합니다.

어느 정도 위험을 감수하더라도 좀 더 높은 수익을 중시하는 투자자라면 '중위험 상품'을 중심으로 세팅하는 것이 좋습니다. 이런 분은 예금과 펀드를 혼합하여 포트폴리오를 구성하되, 주식편입 비중이 상대적으로 높은 주식혼합형펀드가 유리합니다.

아주 높은 위험을 감수하더라도 아주 높은 수익을 중시하는 투자자라면 '고위험 상품'을 중심으로 세팅하는 것이 좋습니다. 이런 분은 채권형펀드에 30%, 주식형펀드에 70% 배분하여 위험자산인 주식형펀드의 비중을 높게 하는 것이 유리합니다.

<표32> 디폴트옵션 포트폴리오[예시]

구분	상품구성	위험정도	장점
원리금 보장형	(a)은행예금 50% + (b)은행예금 50%	초저위험	손실위험 없음
원리금 비보장형	은행예금 60% + 채권혼합형펀드 40%	저위험	위험감수 정도에 따라 높은 수익을 기대할 수 있음
	은행예금 40% + 주식혼합형펀드 60%	중위험	
	채권형펀드 30% + 주식형펀드 70%	고위험	

퇴직연금 적립식 투자방법
'T'삼총사를 아시나요?

퇴직연금 투자와 관련하여 금융회사들은 TDF, TRF, TIF를 주로 추천하고 있습니다. 일명 'T' 삼총사라고 합니다. 일반투자자 입장에서 보면 생소한 용어이고 더욱이 영어 약자로 되어 있어 개념조차 모르시는 분이 많습니다. 하나씩 하나씩 핵심내용을 말씀드리겠습니다. 독자님도 자신에게 가장 적합한 것이 어떤 것인지를 생각해 봤으면 좋겠습니다.

은퇴시점에 맞게 자산배분을 조정해 주는 TDF!

TDF$^{\text{Target Date Fund}}$는 투자자의 은퇴시점$^{\text{Target Date}}$에 맞추어 위험자산(주식)과 안전자산(채권)의 투자 비중을 자동으로 맞춰주는 '자산배분펀드'를 말합니다. 젊은 나이에는 주식 비중을 높여 공격적인 투자를 하다가 나이가 들수록 채권비중을 높여 위험을 줄이는 투자방식을 취합니다. 이러한 투자비중 조절은 투자자가 직접 하는 것이 아니라 펀드가 자동으로 해 주기 때문에 투자자 입장에서는 투자 비중을 맞추기 위해 신경 쓰지 않아도 됩니다. 그래서 TDF는 퇴직연금 운용을 위한 대표적인 상품으로 자리매김하고 있습니다.

TDF형태의 상품이 다양하게 출시되고 있는데요. 그 많은 TDF 중 내게 적합한 것은 어떤 것인지 아는 것이 중요합니다. 왜 냐하면 TDF는 은퇴시점을 기준으로 설계된 상품이므로 나의 은퇴시점과 TDF의 은퇴시점을 일치시키는 것이 좋기 때문입니다.

예를 들어 설명해 드리겠습니다. 증권시장에 상장된 TDF 중 'KODEX TDF2050 액티브'라는 상품이 있습니다. 이 상품명에서 보듯이 TDF 상품명에는 반드시 'TDF'라는 영문자가 있고, '2050'과 같은 숫자가 반드시 포함되어 있습니다. 이것의 의미를 알아야 자신에게 맞는 TDF를 선택할 수 있습니다. TDF는 은퇴시점에 맞추어 주식과 채권의 비중을 자동조절 해주는 펀드라는 것을 의미합니다. 그리고 숫자 2050은 은퇴시점을 의미하는 숫자입니다.

TDF는 은퇴시점을 60세로 가정하여 세팅된 상품입니다. 따라서 1990년에 출생한 사람은 60세가 되는 2050년에 은퇴한다고 가정합니다. 은퇴시점은 [출생년도+60]이 되는 셈입니다. 따라서 1990년생의 경우 은퇴시점은 [1990+60] 즉 2050년이므로 TDF 상품 중 2050이라는 숫자가 들어간 상품을 선택하는 것이 좋습니다. 2000년생은 [2000+60] 즉 2060이라는 숫자가 들어간 상품을 선택해야 좋습니다.

나에게 맞는 TDF 선택기준(예시)

> 1970년생 => 은퇴시점 1970+60=2030년 => TDF2030 선택
> 1980년생 => 은퇴시점 1980+60=2040년 => TDF2040 선택
> 1990년생 => 은퇴시점 1990+60=2050년 => TDF2050 선택
> 2000년생 => 은퇴시점 2000+60=2060년 => TDF2060 선택

TDF 선택과 관련하여 한 가지 팁을 더 드릴게요. 요즘은 60세가 넘어서도 은퇴하지 않고 일하시는 분이 많아지고 있잖아요. 그래서 위와 같은 선택기준과 다르게 선택할 수도 있습니다. 예를 들어 1970년생인데 은퇴는 60세가 되는 2030년이 아니라 70세가 되는 2040년에 은퇴하시는 분도 있을 수 있습니다. 이분이 TDF를 선택할 때는 TDF2030보다 TDF2040이 더 적합하다는 것입니다.

그러므로 TDF를 선택할 때는 60세가 아니라 '실제 은퇴하는 시점'에 맞는 TDF를 선택하는 것이 좋습니다. 예를 들어 1970년생인 최여림 씨는 TDF2030을 선택할 수도 있지만, 2040년까지 일할 수 있다면 TDF2040이 더 적합한 선택입니다. 또 1990년생인 민세창 씨는 TDF2050을 선택할 수도 있지만, 40세에 조기퇴직할 수 있는 여건이 되었다면 TDF2030이 더 적합한 선택입니다.

내 투자성향에 맞게 리스크가 세팅된 TRF!

돈 걱정 없는 노후를 위한 은퇴세팅법

TRF^Target Risk Fund는 투자자의 선택에 맞게 주식과 채권의 비중을 일정하게 배분하여 투자되는 상품입니다. TRF는 투자성향에 따른 맞춤형 상품이라고 할 수 있습니다. 통상적으로 투자자가 자신의 투자성향에 맞도록 주식과 채권의 투자비중을 일정하게 맞추는 것은 현실적으로 어렵습니다.

예를 들어 마동길 씨가 1억 원으로 주식에 30%, 국채에 70% 투자한다고 가정해 볼게요. 이 경우에 투자시점에는 30:70의 비율이지만, 주식이나 국채의 가격이 매일매일 변하므로 30:70의 비율을 계속 유지할 수 없습니다. 어떤 날은 28:72가 되기도 하고 어떤 날은 38:62가 될 수도 있습니다. 그럴 때마다 주식과 국채를 샀다 팔았다 하면서 30:70의 비율을 맞추어 주어야 합니다. 하지만 그렇게 하려면 매일매일 시세를 보고 있어야 하고, 매매 비용도 많아지게 됩니다. 이런 경우에 TRF3070을 매수하면 그런 걱정을 할 필요가 없습니다. TRF3070를 운용하는 금융회사가 매일매일 알아서 이 비율을 유지해 주기 때문입니다.

TRF는 주식과 채권의 비중에 따라 TRF3070, TRF5050, TRF7030 등이 있습니다. TRF 뒤에 붙어있는 숫자의 의미를 알아야 하는데요. 앞에 있는 숫자 2개는 '주식 비중'을 의미하고, 뒤에 있는 숫자 2개는 '채권 비중'을 의미합니다.

TRF의 유형 및 적합한 투자자

유형	주식비중	채권비중	적합한 투자자
TRF3070	30	70	안정적 투자자
TRF5050	50	50	중립적 투자자
TRF7030	70	30	공격적 투자자

TRF3070은 주식 30%, 채권 70%의 비중으로 운용되는 상품이므로 큰 위험을 싫어하는 안정적인 투자자에게 적합합니다. 반면 TRF7030은 주식 70%, 채권 30%의 비중으로 운용되는 상품이므로 위험이 클 수 있더라도 높은 수익을 추구하는 공격적 투자자에게 적합합니다.

수많은 상품 중 TRF 상품은 어떻게 알 수 있을까요? TRF는 증권시장에 상장된 ETF의 형태도 있고, 상장되지 않은 일반펀드의 형태도 있습니다. ETF형태이든 일반펀드형태이든 모두 그 명칭에 'TRF'라는 문자가 표시되어 있기 때문에 펀드명칭만 보면 TRF 상품인지 아닌지 구별할 수 있습니다. 저는 ETF형태로 증권시장에 상장된 TRF를 더 선호하는 편입니다. 왜냐하면 ETF형태의 TRF는 매매비용이 저렴하고, 매도도 주식처럼 신속하게 할 수 있기 때문입니다. 그리고 리밸런싱과 자산배분을 자동적으로 실행하기 때문에 나는 나의 본업에만 충실하면 됩니다.

그렇다면 어떤 TRF를 선택하는 것이 좋을까요? 예를 들어 안정적인 성향의 투자자라면 KODEX TRF3070을 선택하는 것이 적합하고, 공격적인 성향의 투자자라면 KODEX TRF7030을 선택하는 것이 적합합니다.

ETF형태의 TRF 유형(예시)

유형	투자비중		위험 등급	총보수 (년)
	글로벌선진국 주식	국내 채권		
KODEX TRF3070 ETF	30	70	4등급	0.24%
KODEX TRF5050 ETF	50	50	3등급	0.17%
KODEX TRF7030 ETF	70	30	2등급	0.10%

저는 경험 삼아 KODEX TRF5050 ETF에 투자해 본 적이 있는데요. 우리나라 주가가 떨어지는 날에도 (+)수익률이 날 때가 많았습니다. 이 상품은 우리나라 주식에 투자하는 것이 아니라 '글로벌 선진국주식'에 투자하는 상품이라 글로벌 선진국(특히 미국)의 주식시장이 오르면 우리나라 시장이 하락해도 (+)수익률을 내더군요. 독자님도 독자님이 선택한 TRF가 국내주식에 한정되어 투자되는지, 글로벌 선진국 주식에 투자되는지 확실하게 알고 투자하는 것이 바람직합니다.

은퇴자산을 지키면서 정기적인 소득도 확보하는 TIF!

TIF^{Target Income Fund}는 평생 모아온 연금 자산을 위험하지 않게 관리하는 '연금인출형 펀드'입니다. TDF는 연금을 적립할 때 적합하고, TIF는 연금을 인출할 때 적합하다고 볼 수 있습니다.

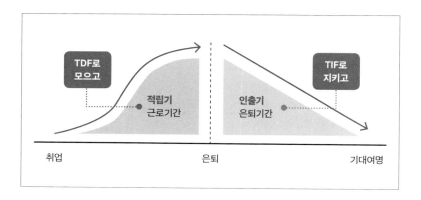

따라서 '연금 개시 시점에 선택할 수 있는 투자 상품'이 바로 TIF입니다. TIF는 연금을 정기적으로 지급하면서도 채권, 배당주, 부동산 자산 등에 분산 투자하여 안정적인 이자, 배당, 임대료 등의 수익(일명 인컴수익이라고 함)을 얻는 상품입니다. TIF는 두 가지 특징이 있습니다.

첫째, 정기적인 수입이 있는 상품입니다. TIF는 채권에 투자하여 정기적으로 이자를 받고, 배당주에 투자하여 정기적으로 배당을 받고, 부동산에 투자하여 정기적으로 임대료를 받습니다. 그리고 정기적인 수입을 재투자함으로써 더 높은 수익률을 기대할 수도 있습니다.

둘째, 위험을 최소화할 수 있습니다. TIF는 부동산, 리츠, 인프라펀드 등에 투자하여 배당수익 또는 임대료 수입을 얻습니다. 이것은 주식 또는 채권의 변동성(위험)을 낮춰주는 역할을 합니다. 예를 들어 물가가 크게 오르면 주식시장은 하락하지만, 부동산 시장은 올라가기 때문에 부동산 자산의 수익률도 올라갑니다. 이에 따라 부동산에 대한 투자가 주식시장 하락으로 인한 손실위험을 최소화시킬 수 있습니다.

나에게 맞는 TIF는 어떤 것일까요? TIF상품은 여러 금융사에서 다양한 형태로 판매하고 있습니다. 어떤 것이 TIF상품인지는 명칭만 봐도 알 수 있습니다. TIF 상품명에는 반드시 'TIF' 또는 '평생소득'이라는 문자가 있습니다. 이런 문자가 보이면 '이 상품은 연금개시 시점에 가입해 볼 만한 상품이구나.'라고 생각하시면 됩니다. 다시 말하면 연금개시 시점에 이르지 않은 분은 굳이 이 상품을 알기 위해 시간을 들일 필요가 없다는 것입니다. 하지만 지금 연금개시 시점에 부닥치신 분이라면 다음을 고려하여 선택하는 것이 유리합니다.

첫째, 무엇에 투자하는지 확인하고 선택하십시오. TIF는 투자 대상에 따라 종류가 많은데요. ① 채권에만 투자하는 TIF, ② 배당주와 채권에 투자하는 TIF, ③ 배당주·채권·부동산 등 다양한 자산에 분산투자 하는 TIF 등 다양합니다. 원금보장을 중시하는 분이라면 ①이 적합하고, 좀 더 높은 수익을 중시하는 분이라면 ②가 적합하고, 어떤 것을 선택할지 잘 모르겠다면 ③을 선택하는 것이 좋다고 생각합니다. 이러한 사항은 해당 상품의 '투자설명서'에 나와 있으니 꼭 확인해야 합니다.

둘째, 주식의 비율을 확인하고 선택하십시오. TIF도 통상 주식과 같은 위험자산에 투자합니다. 따라서 안정성을 중시하시는 분이라면 주식편입비율이 적은 TIF를 선택하는 것이 유리합니다. 반면 수익성을 중시하시는 분이라면 주식편입비율이 많은 TIF를 선택하는 것이 유리합니다. 제 생각으로는 평생 연금으로 받아야 할 자산이므로 주식비중이 20% 이하인 TIF가 적절하다고 생각합니다. 주식투자비율이 얼마나 되는지를 확인하려면 해당 상품의 '투자설명서'를 보시면 됩니다.

셋째, 운용규모가 크고 성과가 좋은 TIF인지 확인하고 선택하십시오. 운용규모가 작은 TIF는 변동성이 클 수 있으므로 최소 500억 원 이상인 TIF가 유리합니다. 운용성과는 1년 수익률,

돈 걱정 없는 노후를 위한 은퇴세팅법

3년 수익률 등 중장기 수익률이 좋은 TIF를 선택하는 것이 좋습니다. 운용규모나 성과는 분기마다 발행하는 '자산운용보고서'에 나와 있습니다.

Chapter 05

노후에 연금을
'직장인 월급'만큼
받을 수 있을까?

노후에도 돈이 들어오게 하는
3가지 방법

노후준비자금 5억 원을 만들기 위해 노력하는 분들이 많습니다. 5억 원만 준비되면 노후에 그 돈을 다 쓸 때까지 살다가 죽으면 된다는 생각이지요. 하지만 그것이 말처럼 쉽지 않습니다. 설령 모았다고 해도 그것이 온전히 노후생활만을 위해 쓰일 수 있을까요? 제가 아는 분 중에도 5억 원 정도 노후자금을 마련한 분들이 있었는데요. 어떤 분은 아들 결혼할 때 신혼집 전세금 지원해 주고, 딸 결혼할 때 혼수 자금으로 주고 나니 순식간에 반토막이 나더랍니다. 또 어떤 분은 퇴직 후 종로에서 커피숍을 시작했다가 코로나 사태를 만나 큰 손해를 보고 사업을 접었다고 합니다. 또 어떤 분은 주식투자로 모두 날린 분도 있습니다.

노후자금을 '목돈'방식으로 준비하는 것은 반드시 좋다고 할수 없습니다. 목돈은 무언가의 사유로 인하여 금방 없어질 가능성이 크기 때문입니다. 그렇다면 어떻게 해야 할까요? 노후자금은 '연금'방식으로 준비하는 것이 효율적입니다. 노후가 되면 목돈은 '나가는 돈'이고, 연금은 '들어오는 돈'이기 때문입니다. 소득이 없는 노후에도 직장인 월급만큼 돈이 들어오게 세팅하는 것이 진정한 노후준비입니다. 그러면 노후에도 직장인 월급만큼 연금을 받으려면 어떻게 해야 할까요? 지금 3~40대라면 국민연금, 퇴직연금, 개인연금, 주택연금 등을 최대한 활용할 수 있도록 미리 준비하는 것이 좋습니다.

첫째, 직장생활을 최소 30년 이상 하는 것입니다. 그리하면 국민연금과 퇴직연금이 확보됩니다. 직장인이 되면 자신이 납입하기 위해 노력하지 않아도 국민연금과 퇴직연금을 회사가 알아서 적립해 줍니다. 더욱이 국민연금은 50% 지원해 줍니다. 직장인인 독자님의 국민연금보험료가 20만 원이라면 그중 10만 원은 회사가 납부해 주고, 나머지 10만 원만 독자님이 납부합니다. 그러니 직장인인 독자님의 국민연금 수익률은 납부와 동시에 100% 수익률을 달성한 셈입니다. 한 달에 100% 수익 나는 상품! 연 수익률로 환산하면 무려 1,200%! 직장인의 국민연금만 가능한 수익률입니다. 매년 독자님의 회사는 퇴직금도 따박따박 적립해 줍니다. 퇴직급여도 회사가 관리해 주다가 퇴직할 때 받을 수 있으니, 직장생활만 잘하고 있으면 꽤 큰 목돈이 됩니다. 직장생활 30년만 하면 국민연금과 퇴직연금을 통하여 약 5억 원 이상의 노후자금을 확보한 것과 같은 효과가 있습니다.

둘째, 직장생활하는 동안 연금상품에 가입하십시오. 국민연금과 퇴직연금만으로는 노후생활비를 충분히 확보하기 힘듭니다. 그러하니 연금저축이나 IRP와 같이 세금혜택이 있으면서 노후연금도 확보할 수 있는 상품에 가입하는 것이 유리합니다. 이러한 상품은 직장에서 연말정산 할 때 세금을 환급받을 수 있으니 다른 상품보다 실제 수익을 더 많이 낸다고 할 수 있습니다. 또한 중도해약 하면 평가액의 16.5%를 세금으로 추징당하기 때문에 그러한 불이익을 당하지 않기 위해 해약하지 않고 장기상품으로 유지하기 좋습니다.

셋째, 내 집을 반드시 마련하십시오. 우리나라 주택을 소유한 가구는 56% 정도 됩니다. 44% 정도가 내 집이 없다는 것인데요. 내 집은 노후준비 관점에서도 매우 중요합니다. 노후에 집이 없으면, 소득도 적어지는데 전세보증금이나 월세를 내야 합니다. 또한 전세보증금이나 월세는 매년 오릅니다. 집이 없으면 주거에 대한 노후지출이 너무 크게 됩니다. 내 집이 있으면 이런 걱정을 하지 않아도 됩니다. 뿐만 아니라 내 집을 주택연금으로 활용하면 연금수령액을 높이는 데 큰 도움이 됩니다. 국민연금, 퇴직연금, 개인연금에 더하여 주택연금까지 확보되면 돈 걱정 없는 노후도 가능합니다.

길어진 노후에 대비하려면 30대부터 준비하는 것이 가장 좋고, 아무리 늦어도 40대 초반에는 시작해야 합니다. 3~40대에 시작하면 4대 연금만으로도 돈 걱정 없는 노후가 가능하기 때문입니다. 하지만 50대라고 늦었다고 생각할 건 없습니다. 요즘에 50대는 과거 50대와 달리 계속 일할 수 있다는 의욕이 있고, 자신의 노력 여하에 따라 재취업 또는 무자본 창업을 통해 소득을 높일 수도 있기 때문입니다. 퇴직했다고 하여 아무 일도 하지 않는 분은 거의 없습니다. 퇴직 후에도 일을 한다는 것이 단지 경제적 이유 때문만은 아닙니다. 일이 없으면 노후가 외롭고 지루해집니다. 매일 친구와 노는 것도 한계가 있고, 매시간 아내 또는 남편과 함께 시간을 보내는 것도 쉽지 않은 일이기 때문입니다.

돈 걱정 없는 노후를 위한 은퇴세팅법

은퇴 후 매월 300만 원 받을 수 있는 은퇴자금 세팅방법

　퇴직 후에는 소득이 적어지기 때문에 매월 월급처럼 돈이 들어오게 하는 구조로 만들어야 합니다. 그런 측면에서 볼 때 국민연금과 퇴직연금은 은퇴자금을 준비하는 방법 중 가장 좋은 수단입니다. 저는 젊은 층을 대상으로 종종 강연하는데요. 직장생활은 꼭 30년 이상 하라고 합니다. 그 이유는 첫째, 자신이 별도로 준비하지 않아도 국민연금과 퇴직연금을 확보할 수 있다는 것입니다. 특히 맞벌이 부부의 경우에는 이것만으로도 안정적인 노후생활비가 됩니다. 둘째, 축적된 직장경험을 통하여 퇴직 후 제2의 도약을 할 수 있기 때문입니다. 저는 퇴직 후에도 직장에서 익힌 금융투자 및 고객상담 경험을 활용하여 책도 쓰고 강의도 하면서 매월 직장인 월급 못지않은 수입이 계속 들어오게 했습니다.

　어떻게 하면 은퇴 후에도 매월 300만 원씩 받을 수 있을까요? 일단 〈표33〉을 보시기 바랍니다. 직장인 평균연봉을 받으며 30년 직장생활 하면 국민연금과 퇴직연금이 쌓입니다. 국민연금과 퇴직연금만으로도 매월 175만 원 정도의 연금이 확보됩니다. 하지만 이것만으로 생활할 수는 없습니다. 월 300만 원 정도를 받으려면 개인적인 저축이 추가되어야 합니다.

<표33> 개인연금을 활용하여 매월 300만원 받는 연금세팅(예시

직장인 평균연봉(4천만원) 30년 재직 기준

구분		납입기간	납입기준	30년 후 매월 예상 수령액
국민연금		30년	월급의 9%	95만원
퇴직연금		30년	연봉의 8.3%	80만원
개인연금	연금저축	30년	월 50만원	80만원
	IRP	30년	월 25만원	40만원
	(세금재투자)	30년	(월 12만원)	(20만원)
합계				**315만원**

※ 실제 수령액은 연금정책, 상품별 수익률, 시장상황, 투자성향 등에 따라 달라질 수 있습니다

개인연금은 연금저축과 IRP를 활용하는 것이 가장 좋습니다. 기술하였듯이 이 상품들은 연금을 목적으로 만들어졌고, 직장생활 하는 동안 매년 최고 148만원의 세금을 환급받을 수 있는 상품이기 때문입니다. 저도 직장생활 할 때 연금상품 세액공제를 활용하여 매년 100만 원 이상 세금 환급을 받았는데요. 지금까지 다 합해보니 2천만 원이 훨씬 넘는 금액을 환급받았더군요. 노후 월 300만 원을 만들기 위해서는 연금저축에 매월 50만 원, IRP에 매월 25만 원 총 75만 원만 납입하면 해결됩니다. 그리하면 매월 120만 원 정도의 연금이 확보됩니다. 만약 연금저축과

돈 걱정 없는 노후를 위한 은퇴세팅법

IRP를 통하여 환급받은 세금(연간 148만 원)도 모두 재투자한다면 매월 20만 원의 연금을 더 받을 수 있게 됩니다. 이렇게 준비하시면 매월 315만 원의 연금을 받을 수 있습니다.

매월 315만 원이라는 금액은 국민연금관리공단의 '국민연금 예상수령액'과 M금융회사의 '연금계산기'를 이용하여 계산된 금액입니다. 따라서 '이 정도 될 수 있을 거다'라는 추정일 뿐, 정확한 금액은 아닙니다. 제가 종종 유명 유튜브에 나가서 이와 같은 연금세팅 예시를 들면 '계산이 잘못되었다.', '매월 75만 원씩 30년 동안 연금에 납입할 사람이 몇 명이나 되겠느냐?', '물가가 오르면 그 돈으로 턱도 없다.'라는 등 갖가지 이유로 비판하시는 댓글을 다시는 분들이 있습니다. 그럴 수 있습니다. 더 좋은 다른 방법이 있는 분은 그것을 하면 됩니다. 제가 제안하는 것이 100% 옳은 것은 아닙니다. 하지만 저는 여기서 제시하는 방법으로 은퇴준비를 해 왔고, 이런 방법이 괜찮다는 것을 경험했기 때문에 말할 수 있는 것입니다.

아직까지 연금상품이 없다면 지금당장 연금저축에 50만 원, IRP에 25만 원 넣으십시오. 매월 75만 원은 월급에서 무조건 원천징수 되는 세금이라고 생각하고 이 상품계좌에 자동이체 하십시오. 월급에서 세금처럼 강제적으로 원천징수(자동이체)하고 연금

수령할 때까지 유지하십시오. 처음에는 월 75만 원이 부담일 수 있지만, 해가 갈수록 월급도 계속 오르기 때문에 점점 부담이 줄어듭니다. 그리고 이것이 노후에는 자식보다 나은 효자역할을 할 것입니다.

우리나라 30대에서 50대 가구 중 맞벌이 가구의 비율은 약 60% 정도 된다고 합니다. 만약 맞벌이로 부부가 모두 직장생활을 30년 한다면, 국민연금과 퇴직연금만으로도 월 350만 원 정도 받을 수 있을 것으로 예상됩니다. 맞벌이로 직장생활을 하면 저축을 하나도 못했어도 노후 적정생활비가 쉽게 마련될 수 있다는 것입니다.

외벌이로 직장생활을 30년 했더라도 내 집 한 채만 있다면 적지 않은 노후생활비를 확보할 수 있습니다. 〈표34〉를 보시기 바랍니다. 일단 국민연금과 퇴직연금으로 매월 175만 원 정도 확보됩니다. 그리고 7억 원 정도 되는 내 집이 있다면 주택연금을 신청하여 만 60세부터 매월 140만 원 정도를 받을 수 있습니다. 그리하면 매월 315만 원 정도의 연금을 받을 수 있습니다.

하지만 주택연금은 최후의 보루로 남겨두는 것이 좋다고 생각합니다. 퇴직했다고 무작정 주택연금 신청하지 마십시오. 주택연

<표34> 주택연금을 활용하여 월300만원 받는 연금세팅[예시]

직장인 평균연봉(4천만원) 30년 재직 기준

구분	납입기간	납입기준	30년 후 매월수령액
국민연금	30년	월급의 9%	95만원
퇴직연금	30년	연봉의 8.3%	80만원
주택연금(7억, 60세부터)	-	-	140만원
합계			**315만원**

※ 실제 수령액은 연금정책, 상품별 수익률, 시장상황 등에 따라 달라질 수 있습니다

금이 나빠서가 아닙니다. 30년 직장생활 했다면 금액의 차이는 있겠지만 모아둔 돈이 있으리라 생각됩니다. 이 돈을 먼저 활용하는 것이 낫다고 봅니다. 또 일반적으로 50대에 직장을 퇴직한 은퇴가구의 경우 월평균 259만 원 정도의 소득활동을 하는 것으로 조사되었습니다. 그렇다면 주택연금 대신 소득활동으로 해결하는 것이 낫다는 것입니다. 주택연금은 모아놓은 돈도 다 쓰고, 소득도 전혀 없는 80세 이후에 활용하는 것이 좋습니다. 주택연금은 늦은 나이에 신청할수록 월 수령액도 훨씬 커집니다.

목돈 10억 원이냐? vs
매월 500만 원이냐?

옛날에 가난하지만 정직하고 마음씨 착한 나무꾼이 살고 있었습니다. 어느 날 나무꾼이 나무를 찍어 내리다가 도끼가 손에서 미끄러져 연못에 빠지고 말았습니다. 나무꾼은 도끼로 나무를 베어 그것을 팔아 근근이 생활하고 있었는데, 어찌할 바를 모르며 울고 있었습니다. 그때 연못에서 산신령이 나타나 '이 금도끼가 네 도끼냐?'라고 물었습니다. 나무꾼은 '그 금도끼는 제 도끼가 아닙니다. 제 도끼는 쇠도끼입니다'라고 말했습니다. 산신령은 사라졌다가 다시 나타나 '이 쇠도끼가 네 도끼냐?' 물었습니다. 나무꾼은 '예, 맞습니다. 그 쇠도끼가 바로 제 도끼입니다!'라고 대답했죠. 그러자 산신령은 나무꾼의 정직한 마음에 감탄하며 '네 소원을 하나 말해 보거라'라고 했습니다. 나무꾼은 '저도 이제 나이 50살에 들어서니 노후가 걱정됩니다. 그저 노후에 돈 걱정 없이 살 수 있었으면 좋겠습니다'라고 답했습니다. 그랬더니 산신령이 그 소원을 들어준다며, 두 가지 중 하나를 선택하라고 했습니다. '① 목돈 10억 원을 주는 것이 좋겠느냐?' 아니면 '② 죽을 때까지 매월 500만 원씩 주는 것이 좋겠느냐?' 물었습니다. 독자님이 나무꾼이라면 ①과 ② 중 어떤 것을 선택하시겠습니까?

하하 ①번! '일단 10억 원 받고 보자!' 이렇게 생각하십니까? 그게 맞는 것 같기도 합니다. ②번 매월 500만 원을 선택한 경우, 혹시라도 두 달 만에 사고로 죽으면 1천만 원 받고 끝나는 셈이니까요. 하지만 10억 원을 받아도 문제는 있습니다. 과소비로 모든 돈을 탕진할 수도 있고, 사업을 하다가 깡통이 될 수도 있고, 금융사기를 당해 더 큰 돈을 잃을 수도 있습니다.

저는 나무꾼이 ②번을 선택하는 것이 바람직하다고 봅니다. 제 주변에도 노후자산이 10억 원 이상인 분들이 있습니다. 돈 걱정 없이 노후를 보낼 것 같지만 가까이 들여다보면 꼭 그런 것 같지 않습니다. 돈이 많으면 많을수록 돈 관리하기가 쉽지 않습니다. 매월 내는 건강보험료가 100만원이 넘고, 집이 두 채인 경우에는 종합부동산세도 만만치 않습니다. 금융소득종합과세 대상자가 되면 훨씬 더 많은 세금을 내야 합니다. 여기에 매월 생활비를 감안하면 매달 들어가는 돈이 만만치 않습니다. 남은 돈을 잘 관리해야 하는 부담도 큽니다. 잘 관리되고 있는 목돈도 안전하다고 볼 수는 없습니다. 꼭 쓸데가 생깁니다. 자녀가 결혼하게 되어 집을 구해주어야 한다든지, 친한 친구가 돈을 빌려 달라고 한다든지, 주식투자로 반토막 나는 등 10억 원이 순식간에 줄어들기도 합니다.

제가 아는 A씨는 자산이 수십억 원 되는 사업가인데요. 만날 때마다 투자걱정, 대출이자 걱정, 직원관리 걱정 등 돈 때문에 걱정하는 일이 많습니다. 과거 직장생활 할 때가 그립다, 아무 생각 없이 무인도로 떠나고 싶다, 돈 결제가 많은 말일이 가까워지는 것이 두렵다는 등 보통사람이 겪지 않아도 되는 짐을 안고 살아갑니다. 반면 평생을 교직에 있었던 B씨는 목돈은 없지만 매월 350만 원 정도 연금을 받아 생활합니다. 저의 국민연금 예상 수령액보다 2배나 많아 부러웠습니다. B씨는 부자는 아니지만 돈 걱정 없이 '자유로운 영혼'으로 살고 있는 듯했습니다. 매달 월급 수준의 돈이 들어오니, 생활비 걱정할 게 없고, 자녀들이 다 커서 신경 쓸 일도 적어졌습니다. 평소에 운동도 많이 하고, 취미생활도 일상의 일이 되었습니다. 종종 강의를 나가기도 하고, 마음이 동하면 갑자기 여행을 떠나기도 합니다. 저는 A씨의 노후보다 B씨의 노후가 훨씬 더 행복하다고 생각합니다. 그래서 저도 ①번보다 ②번을 선호합니다. 현실적으로 대부분의 사람들은 10억 원에 달하는 목돈을 만들지도 못합니다. 그렇다면 ②번처럼 매월 월급 받는 것과 같은 연금형태로 노후준비를 하는 것이 바람직합니다.

돈 걱정 없는 노후를 위한 은퇴세팅법

은퇴 후 매월 500만 원 받을 수 있는
은퇴자금 세팅방법

은퇴생활을 좀 더 풍족하게 하려면 월 500만 원 정도는 있어야 한다고 생각하는 분들이 많습니다. 하지만, 국민연금과 퇴직연금만으로는 500만 원에 훨씬 미치지 못합니다. 개인연금을 30년간 매월 200만 원 납입했으면 가능한데, 그렇게 준비한 분은 거의 없을 것입니다. 둘 다 30년 직장생활 한 맞벌이 부부라면 한결 쉽습니다. 각자의 국민연금과 퇴직연금을 합하고, 둘 중 한 분이 개인연금 80만 원 정도 납입했다면, 매월 500만 원을 확보할 수 있습니다.

그러나 외벌이인 경우에는 결코 쉬운 일이 아닙니다. 30년간 외벌이로 평균연봉 수준의 직장생활 했다면 일단 국민연금과 퇴직연금에서 월 175만 원 정도 확보할 수 있습니다. 직장생활하면서 연금저축 월 50만 원, IRP에 월 25만 원을 납입하고, 세금환급액까지 모두 재투자했다면 여기서 월 140만 원 정도 확보할 수 있습니다. 그래도 월 500만 원이 되려면 185만 원이 부족한데요. 이 부분은 퇴직 후 매월 185만 원 정도 받을 수 있는 일을 함으로써 해결할 수밖에 없습니다. 대부분 사람들은 퇴직 후에도 일을 하고 있으며, 그들의 월 평균소득은 250만 원 내외이므로 월 185만 원의 소득확보는 가능할 것으로 생각합니다.

<표35> 소득활동을 통하여 매월 500만원 받는 연금세팅(예시)

직장인 평균연봉(4천만원) 30년 재직 기준

구분	납입기간	납입기준	30년 후 매월수령액
국민연금	30년	월급의 9%	95만원
퇴직연금	30년	연봉의 8.3%	80만원
개인연금 (연금저축 50 + IRP 25)	30년	월 75만원	120만원
세금환급액 추가투자	30년	(월 12만원)	20만원
소득활동			185만원
합계			**500만원**

※ 실제 수령액은 연금정책, 상품별 수익률, 시장상황, 투자성향 등에 따라 달라질 수 있습니다

　　이렇게 국민연금, 퇴직연금, 개인연금 등에 약간의 소득활동을 한다면 월 500만 원의 노후생활비를 확보할 수 있습니다. 저는 자영업보다 직장생활을 30년 하는 것이 노후생활비 마련에 유리하다고 생각하는데요. 그 이유는 일단 국민연금과 퇴직연금이 강제적으로 납입된다는 점, 그리고 매월 정기적인 수입으로 개인연금을 납부하기가 용이하다는 점 때문입니다. 개인연금은 30세부터 30년 납입하겠다고 계획을 세우는 것이 좋습니다. 30

세부터 납입하면 60세에 적지 않은 노후자금이 마련되기 때문입니다. 40세에 납입하기 시작했다면 70세까지 납입해야 합니다. 우리나라의 경우 평균 42세 정도부터 노후준비에 대한 관심을 갖게 된다고 합니다. 그리고 경제협력개발기구^{OECD}에 따르면, 한국의 실질 은퇴 연령은 평균 72세로 보고 있습니다. 개인연금은 '언제 시작했건 무조건 30년은 납입한다'라는 각오로 꾸준히 납입하는 것이 바람직합니다.

요즘에는 60대 이상 취업자가 47% 정도 된다고 합니다. 소득활동을 하는 60대 자영업자까지 포함하면 65%에 이른다고 합니다. 70세 이상인 분들의 취업률도 25%(2024년 기준)나 되는데요. 매년 큰 폭으로 증가하고 있다고 합니다. 70세 이후에도 취업하는 사람이 많아지는 가장 큰 이유는 경제적인 문제가 가장 클 것입니다. 또 요즘 퇴직자는 경제적으로 힘들지 않아도 직장생활을 다시 시작하거나 자영업을 하는 경우가 많아졌습니다. 너무 기나긴 노후를 아무 일도 하지 않으면서 놀면서 보내는 것도 힘들기 때문입니다. 그렇다면 긍정적으로 기꺼이 일하는 것이 좋지 않나, 생각해 봅니다.

70세까지 직장생활 또는 자영업을 하다가 은퇴한다면, 주택연금을 활용하여 월 500만 원의 노후생활비를 마련할 수 있습니다. 70세까지 일하셨다면 국민연금과 퇴직연금도 더 많아졌을 것입니다. 하지만 여기서는 이전 사례와 같이 국민연금과 퇴직연금을 합한 월 수령액이 175만 원이라고 가정하겠습니다. 이런 상황에서 주택가격이 12억 원 정도 된다면, 주택연금을 신청하여 70세부터 매년 330만 원 정도를 받을 수 있습니다. 그리하면 매월 505만 원의 노후생활비를 마련할 수 있게 됩니다.

<표36> 주택연금을 활용하여 매월 500만원 받는 연금세팅(예시)

직장인 평균연봉(4천만원) 30년 재직 기준

구분	납입기간	납입기준	30년 후 매월수령액
국민연금	30년	월급의 9%	95만원
퇴직연금	30년	연봉의 8.3%	80만원
주택연금 (12억, 70세부터)	-	주택담보	330만원
합계			**505만원**

※ 실제 수령액은 연금정책, 상품별 수익률, 시장상황 등에 따라 달라질 수 있습니다

만약에 개인연금과 같은 사적연금이 있다면, 600만 원 이상의 노후생활비가 확보될 것입니다. 노후에 내 집은 단순히 주거이상의 의미를 가집니다. 소득이 정말 없을 때 주택연금으로 활용할 수 있기 때문입니다. 뿐만 아니라 나이가 많을수록 지급액도 높아지기 때문에 연금으로서의 가치도 높습니다.

Chapter 06

퇴직금 1억 원을 활용한
연금세팅법은?

퇴직금은 어떤 계좌로 받는 것이 좋을까?

만 56세 직장인 정인갑 씨는 퇴직을 앞두고 있습니다. 2억 원 정도의 퇴직금을 받게 되는데 어떻게 해야 할지 고민입니다. 일단 퇴직금을 받는 방법부터 알아야 합니다. 어떤 계좌로 받느냐에 따라 세금이 달라지거든요. 만 55세 이전에 퇴직하는 경우에는 반드시 IRP계좌로 퇴직금을 받아야 합니다. 2022년 4월 14일부터 무조건 IRP 계좌를 통해 퇴직금을 받도록 법으로 규정했거든요.

왜 법은 퇴직금을 반드시 IRP계좌로 넣도록 규정했을까요? 통상적으로 만 55세 이전에는 다른 회사로 이직하는 경우가 많습니다. 이직하기 위해 퇴직하면 퇴직금을 받게 됩니다. 그런데 다른 회사로 가기 전에 몇 개월 쉬는 경우도 있어 그 기간에 퇴직금을 써버리는 경우가 많았습니다. 저도 6번 정도 이직했는데요. 이직 전 실업상태일 때 퇴직금을 투자나 생계비로 써버리곤 했습니다. 퇴직금은 은퇴 후 노후자금으로 활용되어야 하는데, 제대로 활용하지 못한 것입니다. 과거에는 저와 같이 퇴직금을 노후가 되기 전에 써버리는 경우가 많았습니다. 하지만 지금은 법률 규정으로 퇴직금을 반드시 IRP계좌로 수령하도록 의무화하였습니다. 그뿐만 아니라 IRP계좌에 들어간 퇴직금은 원칙적으로 중도인출하지 못하도록 제한하고 있습니다. 하지만 예외가 있습니다. 퇴직금이 300만 원 이하이거나 55세 이후에 퇴직할 때는 IRP계좌가 아닌 일반계좌로 받는 것이 허용됩니다. 따라서 일반계좌로 퇴직금을 받으면 언제든지 인출이 가능합니다.

직장인 정인갑 씨는 만 55세가 넘기 때문에 퇴직금을 일반 급여계좌로 받을 수 있습니다. 퇴직금을 일반 급여계좌로 받으면 언제든지 중도인출이 가능하기 때문에 사용하기 편리합니다. 그러나 저는 정인갑 씨도 IRP계좌로 퇴직금을 받는 것이 더 좋다고 생각합니다. 만 55세가 넘어도 IRP계좌로 퇴직금을 받으면 몇 가지 유리한 점이 있기 때문입니다.

첫째, IRP계좌로 수령하면 퇴직소득세를 절감할 수 있습니다. 일반적으로 퇴직급여를 일시금으로 지급하는 경우, 퇴직소득세를 100% 원천징수 합니다. 반면 퇴직급여를 IRP계좌로 이체한 다음 55세 이후에 연금으로 수령하면 퇴직소득세를 30%~40% 절감할 수 있습니다. 따라서 IRP계좌로 퇴직급여를 수령하는 것이 유리합니다.

둘째, IRP계좌로 수령하면 운용수익에 대한 세금을 절감할 수 있습니다. 퇴직급여를 일시에 수령해 예금 등 금융상품에 예치하면 해당 금융상품에서 발생한 이자와 배당소득에 15.4%의 소득세가 부과됩니다. 하지만 퇴직급여를 IRP계좌에 이체하고 연금으로 수령하면 낮은 세율인 3.3~5.5%의 연금소득세가 부과되므로 더 유리합니다.

셋째, IRP계좌로 수령하면 건강보험료 부담을 줄일 수 있습니다. 퇴직하면 직장가입자에서 지역가입자로 전환해 건강보험료를 납부해야 합니다. 이때 일반 금융상품에서 발생한 금융소득이 한 해 1천만 원을 초과하는 경우 건강보험료 산정 시 금융소득이 반영되어 건강보험료가 올라갑니다. 하지만 IRP에서 발생한 금융소득은 1천만 원을 초과해도 건강보험료가 올라가지 않습니다.

정인갑 씨의 경우 퇴직금을 IRP계좌로 받는 것이 얼마나 좋은지 말씀드리도록 하겠습니다(퇴직소득세는 1천만 원으로 가정함).

첫째, 일반급여계좌로 퇴직금을 받으면 퇴직소득세 1천만 원을 차감한 1억 9천만 원이 입금됩니다. 반면 IRP계좌로 퇴직금을 받으면 퇴직소득세를 차감하지 않고 2억 원이 그대로 들어옵니다. 이 경우 퇴직소득세 납부가 연기되어 연금을 수령하기 직전까지 내지 않아도 됩니다. 따라서 연금을 5년 후부터 수령하기로

돈 걱정 없는 노후를 위한 은퇴세팅법

했다면 5년 동안 퇴직소득세로 낼 돈 1천만 원을 합산하여 운용
할 수 있다는 장점이 있습니다. 일반계좌로 들어온 퇴직금 1억 9
천만 원을 5년 예치한다면 5년간 이자는 2천850만 원입니다. 반
면, IRP계좌로 들어온 퇴직금 2억 원을 5년 예치한다면 5년간 이
자가 3천만 원으로 150만 원 더 많게 됩니다.

둘째, 일반 급여계좌를 통한 경우 15.4%의 세율이 적용되어
480만 원 정도의 세금을 내야 합니다. 반면 IRP계좌를 통한 경
우에는 연금수령 시점까지 세금납부를 연기(과세이연이라고 함)해 주
고, 후일 세금을 낼 때도 3.3%~5.5%의 낮은 세율로 납부하므로
세금을 줄일 수 있습니다.

<표37> 정인갑 씨 퇴직금 2억 원 수령 시 계좌별 비교(예시)

구분	일반 급여계좌로 퇴직금 수령 시	IRP계좌로 퇴직금 수령 시
퇴직소득세 납부 (1천만원 가정)	1천만원 납부	납부 안함 (과세이연)
수령액	1.9억원	2억원
퇴직금 5년 예치 시 이자소득 (금리 3% 가정)	28,500,000원	30,000,000원
이자소득세 (15.40%)	4,839,000원	해지 하지 않으면 연금수령시까지 과세 이연 & 저율과세
5년간 평가수익	23,661,000원	30,000,000원

셋째, 일반 급여계좌로 퇴직금을 받는 경우 이자소득이 연간 1천만 원을 넘는 경우 건강보험료도 높아지게 됩니다. 반면 IRP 계좌로 퇴직금을 받은 경우에는 금융소득이 1천만 원을 초과하더라도 건강보험료가 높아지지 않습니다.

목돈이 된 퇴직금!
어떤 상품으로 세팅하는 것이 좋을까?

퇴직금은 IRP계좌로 받으라고 했죠. 그런데 IRP계좌는 투자 상품에 대한 제한이 있습니다. IRP계좌는 위험자산에 70% 초과하여 투자할 수 없도록 규제하고 있습니다. 위험자산에 100% 투자할 수 있는 연금저축계좌에 비하여 위험자산 투자비율이 낮습니다. 예를 들어 연금저축계좌에서는 예탁금의 100%까지 주식형펀드(위험자산)에 투자할 수 있으나, IRP계좌에서는 예탁금의 70%까지만 주식형펀드(위험자산)에 투자할 수 있고, 나머지 30%는 예금·국채 등(비위험자산)에 투자해야 합니다. 그리고 일반적인 ETF

<표38> IRP 계좌에서 투자할 수 있는 자산의 비율 한도 및 투자가능상품

구분	위험자산	비위험자산
투자한도	·70% 이하	·30%~100%
투자 가능상품	·주식비중 50% 초과 펀드 - 주식형펀드(ETF 포함) - 주식혼합형펀드(ETF 포함) ·상장 리츠 ·상장 인프라펀드 ·부동산펀드 ·특별자산펀드 ·혼합자산펀드 등	·주식비중 50% 미만 펀드 - 채권형펀드 - 채권혼합형펀드 ·원리금보장상품(ex.예금) ·국채 및 투자등급 회사채 ·상장 인프라펀드 ·TDF ·TIF 등
투자 불가능상품	·개별주식, 레버리지 ETF, 인버스 ETF, 파생형 ETF	

는 투자할 수 있으나 레버리지 ETF, 인버스 ETF, 파생형 ETF 등은 투자할 수 없습니다.

그렇다면 퇴직금을 받으면 어떻게 세팅하는 것이 좋을까요? 그것은 사람마다 다를 수밖에 없습니다. 사람마다 투자성향, 위험에 대한 감수능력 등이 다르기 때문입니다. 세팅에 대한 기준이 없으신 분은 다음 세 가지 기준을 참조하기를 바랍니다.

첫째, 원금손실을 극히 싫어하는 보수적 투자자라면, 비위험자산에 100% 투자하는 것이 좋습니다. 비위험자산 중에서도 원리금보장이 확실시되는 예금이나 국채에 넣어두는 것이 좋습니다. 다만, 원금손실위험은 없으나 수익이 적다는 점을 감수해야 합니다.

둘째, 위험을 감수하더라도 높은 수익을 추구하는 공격적 투자자라면, 주식형펀드(위험자산)에 70%, TDF(비위험자산)에 30% 투자하는 것이 좋습니다. 다만, 이 경우에는 높은 수익도 가능하나 손실가능성도 있으므로 위험관리도 신경 써야 합니다.

셋째, 어떻게 해야 할지 잘 모르시는 분은 위험자산인 주식형펀드에 50%, 비위험자산인 채권형펀드에 50% 투자하는 것이 좋

다고 봅니다. 이렇게 반반씩 1~2년 투자하다 보면, 자신이 위험
자산을 더 좋아하는지, 비위험자산을 더 좋아하는지 알게 됩니
다. 그 선호도에 따라 비중을 조정하시면 됩니다.

저의 경우에는 KODEX200 ETF에 30%, KODEX 미국
S&P500 ETF에 30%, KODEX 미국30국채 ETF에 40% 비중으
로 투자하고 있습니다. 공격적인 투자에 가깝기 때문에 매년 말
투자비중 조정 또는 종목교체 등을 통하여 위험을 관리하고 있
습니다.

퇴직금 받았을 때
어디에 넣어두면 좋을까?

퇴직금은 직장생활을 함으로써 받는 가장 큰 목돈입니다. 이 목돈을 어떻게 관리하느냐가 노후생활비를 확보하는 데 중요한데요. 만약에 1억 원을 퇴직금으로 받았다면 어떻게 해야 할까요? 퇴직금을 운용할 수 있는 상품에는 저축형상품도 있고, 투자형상품도 있습니다. 이러한 상품을 활용하여 매월 월급처럼 돈이 나오는 구조로 만드는 것이 좋습니다.

저축형상품에는 월지급식예금이나 즉시연금보험 등이 있는데, 이 같은 상품은 제가 조언드릴 필요가 없습니다. 편하게 이용할 수 있는 금융기관에 가서 가입하면 됩니다. 어떤 금융회사에서 가입하든, 어떤 종류이든, 최고의 전문가가 조언해도, 이런 상품들은 수익률을 높일 수가 없습니다. 대부분 확정금리를 지급하기 때문에 안정적이라는 점이 장점이나 수익률은 낮다는 점이 단점입니다. 무조건 안전빵을 중시하는 분이라면 가까운 금융기관에 찾아가 저축성상품에 가입하시면 됩니다.

저는 퇴직금을 저축성상품에 올인하는 것을 그리 좋아하지 않습니다. 은행의 예금 금리는 물가상승분을 감안하면 마이너스 수익률이 될 수도 있고, 연금보험은 사업비를 차감하기 때문에 연금재원이 줄어든다는 단점이 있기 때문입니다. 다만, 다시 고금리시대가 된다거나 사업비를 차감하지 않는 연금보험이 있다면 저축성상품도 괜찮습니다.

현실은 금리수준이 만족스럽지 않고, 물가는 매년 오릅니다. 이에 적합한 상품은 투자형상품입니다. 다만, 투자형상품은 원금손실 위험이 있기 때문에 위험관리에 신경을 써야 합니다. 따라서 투자형상품 중에서도 좀 덜 위험한 투자형상품이 유리합니다. 또 매월 일정액을 수령할 수 있는 배당형상품이 유리합니다. 그런 유형의 상품에는 고배당주, 배당주펀드, 월배당 ETF, 리츠 ETF 등이 있습니다.

IRP계좌는 개별주식에 직접 투자할 수 없으므로, 고배당주로 운용하려면 별도의 계좌를 개설해야 합니다. 저 같은 경우에는 ISA계좌를 활용하여 고배당주를 사 모으고 있는데요. 이렇게 하면 고배당주에서 나오는 배당금에 대하여 비과세되기 때문입니다. 한편 월배당 ETF, 배당주펀드, 리츠 ETF 등도 IRP계좌에서 운용할 수 있으니, IRP계좌에서 운용하면서 연금형태로 받으면 됩니다.

<표39> 퇴직금을 활용할 만한 상품[예시]

돈 걱정 없는 노후를 위한 은퇴세팅법

퇴직금 1억 원!
2배로 활용하는 노하우는?

퇴직금을 잘 운용해야 노후생활비가 안정적으로 확보될 수 있습니다. 퇴직금은 투자형상품을 통하여 매월 월급처럼 받을 수 있는 방법이 있습니다. 투자형상품을 활용하는 방법은 원금보장을 중시하는 보수적 투자자에게는 적합하지 않습니다. 그동안 주식투자 등 다양한 투자경험이 있고, 위험을 감수할 수 있는 공격적 투자자에게 적합하다고 할 수 있습니다. 독자님이 원금보장을 중시하는 투자자라면 투자형상품 활용방법은 무시하고 넘어가도 됩니다. 저축형상품이 좋으냐, 투자형상품이 좋으냐는 각자 투자성향의 문제일 뿐, 옳고 그름의 문제는 아니기 때문입니다. 이하에서는 투자형상품 중 고배당주와 ETF를 활용한 퇴직금 운용방법에 관하여 기술하고자 합니다.

고배당주 투자로 '제2의 월급' 만들기

모든 주식이 다 위험하기만 한 것은 아닙니다. 특히 고배당주는 상대적으로 덜 위험합니다. 왜냐하면 매년 배당금을 주기 때문입니다. 예를 들어 최근 배당금을 많이 준 종목을 조사해 봤더니 예스코홀딩스는 1주당 배당금을 8,750원이나 주었습니다. 배당수익률(배당금을 주가로 나눈 비율)이 15.7%에 이릅니다. 이 종목의 1년간 주가상승률은 4.9%였습니다. 1년간 예스코홀딩스에 투자한 사람은 배당수익률(15.7%)과 주가상승률(4.9%)을 합하여 총 20.6%의 수익률을 실현한 셈입니다.

이와 같이 배당을 많이 주는 종목은 주가상승 시 더 많은 수익을 실현할 수 있고, 주가가 하락하더라도 하락분을 배당금으로 상쇄시킬 수 있습니다. 뿐만 아니라 배당금으로 해당주식을 추가 매입하게 되면 주식수량도 증가시킬 수 있습니다. 주식수량이 증가하면 배당금도 더 많이 받을 수 있게 됩니다. 예컨대, 예스코홀딩스 주식을 100주 보유하고 있는데, 15% 배당을 받았다고 가정해 볼게요. 그러면 15% 배당받은 돈으로 예스코홀딩스 주식 15주를 추가 매입합니다. 그러면 예스코홀딩스 보유수량은 15주 늘어난 115주가 되고, 15주만큼 늘어난 만큼 배당금도 많아지게 됩니다.

　한편, 한편 한국쉘석유는 1주당 배당금을 25,000원이나 주었습니다. 배당수익률은 7.3%에 이릅니다. 하지만 이 종목의 1년간 주가상승률은 −3.4%로 주가는 하락했습니다. 그래도, 배당수익률 7.3%를 감안하면 연간 3.9% 이익입니다. 이와 같이 배당을 많이 주는 종목은 주가가 하락하더라도 배당수익률 이내로 하락하면 손실이 발생하지 않습니다. 물론 주가가 배당수익률을 초과하여 하락하면 손실이 납니다. 하지만 이 경우에도 배당수익률만큼은 상쇄되므로 손실 폭은 줄어듭니다. 그래서 고배당주는 다른 주식에 비하여 상대적으로 덜 위험하다고 말할 수 있는 것입니다.

　우리나라 증권시장에 상장된 주식의 수는 2천 종목이 넘습니다. 이 중에서 고배당주를 어떻게 찾을 수 있을까요? 간단합니다. 우리가 자주 사용하는 인터넷포털인 네이버에서 제공하고 있습니다. 네이버에서 증권〉국내증시〉배당 이런 순서로 들어가면 〈표 40〉과 같이 배당수익률이 높은 기업부터 차례대로 알려줍니다. 코스피 종목뿐만 아니라 코스닥 종목도 알려줍니다. 이것을 참조하여 투자할 배당주를 선택하면 됩니다.

<표40> 우리나라 상장주식의 배당수익률 순위[예시]

증권홈 > 국내증시 > 배당

| 배당

전체 코스피 코스닥

종목명	현재가	기준월	배당금	수익률 (%)	배당성향 (%)	ROE (%)	PER (배)	PBR (배)	과거 3년 배당금		
									1년전	2년전	3년전
한국패러렐	170	23.12	2,168	1,275.29	-	-	-	-	390	90	235
스타에스엠리츠	2,770	23.12	961	34.69	220.22	5.24	26.77	1.51	1,572	200	150
이지스밸류리츠	4,250	24.12	823	19.36	-1,361.40	-0.57	-116.13	0.66	406	293	292
예이블씨엔씨	7,370	24.04	1,427	19.36	605.02	6.05	28.98	2.01	0	0	0
오상헬스케어	12,020	23.12	2,000	16.64	21.62	47.25	-	0.00	3,000	1,000	2,000

출처 : 네이버>증권>국내증시>배당

하지만 최근 배당수익률이 높다고 무조건 좋다고 할 수는 없습니다. 투자할 만한 고배당주는 3가지 요건을 모두 갖추어야 합니다. ① 배당수익률이 예금 금리보다는 높아야 합니다. 저는 배당주 선정 시 예금 금리의 2배 이상인 주식 중에서 고르고 있습니다. ② 3년 이상 계속하여 배당을 준 종목이어야 합니다. 배당을 처음 하거나 불규칙적으로 하는 주식은 피해야 합니다. ③ 매년 배당금이 증가하는 주식이 좋습니다. 매년 배당금이 있기는 하나 배당금이 감소하는 주식은 좋지 않습니다. 배당금이 많았다 적었다 들쭉날쭉한 주식도 좋지 않습니다. 이 세 가지 요건에 맞는 4개 주식만 골라서 투자하면 됩니다. 만약에 1억 원을 고배당주에 투자한다면 〈표41〉과 같이 똑같은 비중으로 투자하는 것이 바람직합니다.

<표41> 고배당주 1억 원 투자 시 투자비중(예시)

구분	배당 수익률	투자 비중	투자금액
예스코홀딩스	15%	25%	2,500만원
크레버스	13%	25%	2,500만원
현대차2우B	7%	25%	2,500만원
SK텔레콤	6%	25%	2,500만원

※ 예시일 분 이와 동일한 투자를 권유하는 것은 아닙니다

예스코홀딩스의 배당수익률이 15%로 가장 높으니까 이 주식에 1억 원을 모두 투자하는 것이 낫지 않나요? 이렇게 묻는 분이 있습니다. 하지만 배당수익률만 가지고 판단할 수는 없습니다. 왜냐하면 배당수익률이 높은 주식은 상대적으로 주가상승률이 낮습니다. 반면 배당수익률이 좀 낮은 주식은 상대적으로 주가상승률이 높습니다. 따라서 배당수익률과 주가상승률을 모두 고려하여 판단해야 합니다. 배당수익률은 과거 3년 이상의 배당금 내역을 보고 판단하면 되구요. 주가상승률은 과거 3년 이상의 주가 차트를 보고 판단하면 됩니다.

〈표41〉과 같이 선정된 4종목의 배당수익률 평균을 계산해 보니, 약 10% 정도 나옵니다. 그러면 1억 원 투자하면 연간 1천만 원 정도의 배당금을 기대할 수 있습니다. 월 기준으로 환산하면 약 83만 원 정도 됩니다. 만약에 주가도 오르면 매월 100만 원이

될 수도 있고, 120만 원이 될 수도 있습니다. 1억 원 투자해서 매월 83만 원+@를 평생 받을 수 있다면 꽤 괜찮은 제2의 월급이 될 수 있다고 생각합니다.

배당주도 주식이므로 위험합니다. 위험한 투자는 반드시 정기적으로 검증하고 수정해야 합니다. 저의 경우에는 매년 말 한 번씩 배당주 투자에 대하여 리밸런싱 또는 업그레이딩을 합니다. '리밸런싱'이란 종목교체는 하지 않고, 종목비율만 맞추는 것을 말합니다. 〈표41〉과 같이 4종목에 똑같이 25%의 비율로 투자하더라도, 연말이 되면 어떤 종목은 29%가 되어 있고 어떤 종목은 20%가 되는 종목도 있을 것입니다. 이럴 때 29% 되어 있는 종목은 4% 팔아서 25%로 조정하고, 20% 되어 있는 종목은 5% 사서 25%로 조정합니다. 이처럼 종목교체 없이 처음 투자할 때의 비중(25%)으로만 맞추는 것이 '리밸런싱'입니다. 연말에도 4종목이 기술한 고배당주 3가지 요건에 부합하는 경우 종목교체 없이 미리 정한 비율만 맞추어 리밸런싱만 하게 됩니다.

하지만, 4종목 중 일부 종목이 고배당주 3가지 요건에서 현저히 벗어나면 그 주식을 다른 주식으로 교체하는 것이 유리합니다. 이처럼 비율조정에 그치지 않고, 배당주 종목 자체를 다른 종목으로 바꾸는 것을 '업그레이딩'이라고 합니다. 저의 경우에는 배당금 자체가 감소하고 있거나 주가가 지나치게 높은 배당주는 교체하는 편입니다. 왜냐하면 배당금이 감소하면 배당수익률이 떨어지기 때문입니다. 또 주가가 지나치게 높으면 배당금이 감소하지 않아도 배당수익률이 떨어지기 때문입니다. 이처럼 업그레이딩을 통하여 배당수익률이 나빠지는 보유종목을 배당수익률이 좋은 종목으로 교체하는 것이 바람직합니다.

치솟는 인기!
월배당 ETF로 제2의 월급 만들기

'월배당 ETF'는 매월 분배금을 지급하는 ETF로서, 제2의 월급처럼 활용할 수 있다는 점에서 인기가 높아지고 있습니다. 분배금이 뭘까요? 분배금은 주식으로 보면 배당금과 유사한 개념이지만 약간 차이가 있습니다. A주식에 투자한 경우 A회사가 영업을 잘해서 이익을 100억 원이나 남겼습니다. 이때 A회사는 A주식에 투자한 주주에게 그 이익의 일정비율(ex. 100억 원의 20%)을 주주에게 줄 수 있는데, 그때 주주에게 주는 일정비율의 돈을 '배당금'이라고 합니다.

회사가 이익을 낸다고 무조건 배당금을 주는 것은 아닙니다. 해당회사의 이사회가 이익배당 결의를 해야 가능합니다. 따라서 회사에 이익이 났더라도 이사회 결의가 없으면 배당금도 없습니다. 상장주식 중 이익이 나고 있는데도 배당금을 주지 않는 주식도 많습니다. 하지만 통상 고배당주로 알려진 주식들은 매년 이사회 결의를 통해 배당금을 지급합니다.

반면 분배금은 ETF를 운용하면서 발생한 배당금·이자·임대료 등을 투자자에게 주는 것으로 주식의 배당금보다 더 포괄적인 개념입니다. '주식의 배당금'은 해당 회사 이익의 일부를 주는 것이고, 'ETF의 분배금'은 ETF가 보유한 자산(주식·채권·부동산 등)에서 발생한 이익을 투자자에게 주는 것입니다.

> ETF 분배금 = 주식 배당금 + 채권 이자 + 부동산 임대료 등

일반적인 ETF는 '분기마다' 분배금을 지급할 수 있습니다. 반면 월배당 ETF는 분배금을 '매월' 주는 ETF라는 점에서 차이가 있습니다. 매월 분배금을 받을 수 있으므로 안정적인 연금이 필요한 노후 은퇴생활자에게 적합한 상품이라고 볼 수 있습니다. 하지만 월배당 ETF가 인기를 끌면서 젊은 층에서도 목돈을 월배당 ETF에 투자하여 매월 '제2의 월급'처럼 활용하기도 합니다. 월배당 ETF에 투자하면 매월 현금이 들어오기 때문에 현금흐름에 따른 자신만의 계획을 세울 수 있습니다. 그리고 매월 들어오는 현금을 적금이나 적립식펀드에 재투자하여 복리 효과를 누릴 수도 있습니다.

월배당 ETF는 주요 투자대상에 따라 주식형, 채권형, 파생상품형, 부동산형 등 4가지 유형으로 구분할 수 있습니다. 첫째, '주식형' 월배당 ETF는 주로 고배당주에 투자합니다, 그래서 투자한

배당주의 배당이 월분배금의 주요 재원이 되는 상품입니다. 우리 나라 배당주에 투자하는 상품도 있고, 미국 배당주에 투자하는 상품도 있습니다. 둘째, '채권형' 월배당 ETF는 주로 국채나 회사 채에 투자하여 나오는 채권이자가 월분배금의 주요 재원이 되는 상품입니다. 채권형은 주식형에 비하여 상대적으로 손실위험은 적으나, 월분배금이 적다는 점이 단점입니다. 셋째, '파생상품형' 월배당 ETF는 파생상품(옵션) 매도전략을 활용하여 옵션 프리미 엄을 월분배금으로 지급하는 상품입니다. 통상 이 유형의 상품명 에는 '커버드콜Covered Call'이라는 용어가 들어가 있습니다.

2023년~2024년에는 커버드콜을 활용한 상품이 가장 많은 분 배금을 지급하였습니다. 하지만 큰 손실도 가능한 파생상품을 이 용하고 있으므로 시장이 폭락하면 큰 손실도 가능한 수익구조라 는 점도 유의하기를 바랍니다. 넷째, '부동산형' 월배당 ETF는 주 로 부동산 또는 리츠에 투자합니다, 그래서 투자한 부동산 임대 료 또는 리츠 배당이 월분배금의 주요 재원이 되는 상품입니다.

유형의 특성을 잘 알고 위험에 대처할 자신이 있으면 어느 하 나의 유형에 투자해도 되지만, 그렇지 못하다면 최소 1년 이상 4 개 유형의 상품에 동일한 비중으로 분산투자 하는 것이 유리합 니다. 1년 이상 분산투자 하다가 자신의 성향에 맞는 유형이 확실해지면 그때 비중을 조절해도 됩니다.

<표42> 월배당 ETF 유형별 분산투자(예시)

유형	투자비중	월배당 ETF	연분배율 (2023)	분배금 지급
주식형	25%	TIMEFOLIO Korea 플러스배당액티브	8.4%	8회
채권형	25%	ACE 미국하이일드액티브(H)	6.2%	8회
파생상품형	25%	TIGER 미국나스닥100커버드콜	12.2%	12회
부동산형	25%	TIGER 리츠부동산인프라	7.1%	12회
합계평균			8.5%	

※ 예시일 뿐 이와 동일한 투자를 권유하는 것은 아닙니다

만약 〈표42〉와 같이 4개의 월배당 ETF에 동일한 비중으로 분산투자 하는 경우 연 8.5% 정도의 분배율을 기대할 수 있습니다. 1억 원을 각 유형별로 25%씩 투자한다면 연간 850만 원 정도 (매월 70만 원 정도)의 분배금을 기대할 수 있겠네요. ETF는 실적배당형 상품이므로 확정수익이라는 것은 없습니다. 따라서 연 8.5%로 제시한 분배율은 목표수익률 또는 기대수익률 정도로 생각하기를 바랍니다. 분배율이 가장 높은 'TIGER 미국나스닥100커버드콜' ETF에 모두 투자하는 것이 더 좋을 수도 있습니다. 또 고배당주 시장이 좋으면 'TIMEFOLIO Korea 플러스배당액티브' ETF에 모두 투자하는 것이 더 좋을 수도 있습니다. 하지만 우리

가 투자의 신神은 아닙니다. 하나만 선택하는 것이 정말 높을 수익을 줄지, 아니면 오히려 큰 손실을 끼칠지 어찌 알겠습니까? 또 최근 판매되는 월배당 ETF는 출시된 지도 얼마 되지 않았고, 운용규모가 크지 않은 상품도 많습니다. 그러기에 특정유형에 대한 위험관리 능력이 충분하지 않다면, 성격이 다른 4가지 유형에 모두 동일한 비중으로 투자하는 것이 바람직하다고 생각됩니다.

연금세팅을 위한 체크리스트 및 평가

☑ 당신은 직장생활(또는 개인사업)을 몇 년 정도 할 예정입니까?

　　① 10년　　　② 20년　　　③ 30년　　　④ 40년

노후연금의 관점에서 보면 ①②보다 ③④를 선택하여 직장생활을 30
년 이상 하는 것이 유리합니다. 왜냐하면 직장생활 30년 하면 스스로
노력하지 않아도 국민연금과 퇴직연금이 확보되기 때문입니다. 국민연
금보험료는 회사에서 50%를 지원해 주기 때문에 납입과 동시에 수익
률 100%입니다. 퇴직연금도 회사가 알아서 적립해 주기 때문에 신경
쓸 것이 없습니다. 이 두 가지만 30년 유지해도 노후생활자금에 큰 도
움이 됩니다.

☑ 당신이 장기적으로 국민연금(노령연금) 수령액을 높이기 위한
　　제도와 거리가 먼 것은 무엇인가요?

　　① 추납제도　　　　　　② 임의계속가입제도
　　③ 연기연금제도　　　　④ 조기노령연금제도

①②③은 국민연금 수령액을 높이는 대표적인 방법입니다. 특히 국민
연금 예상수령액이 100만 원 이하인 분들은 추납제도, 임의계속가입
제도, 연기연금제도, 반납제도, 크레딧제도 등을 활용하여 연금수령액

을 2배 이상 올릴 수도 있습니다. 반면 ④ 조기노령연금을 선택한 경우에는 연금수령액이 최고 30%까지 감액된 연금을 받게 되므로 불리합니다.

☑ 국민연금 수령시점에 소득이 있으면 국민연금(노령연금)을
　적게 준다는데 어떻게 하는 것이 좋을까요?
　① 노령연금을 감액당하지 않기 위해 소득활동을 하지 않는다
　② 노령연금이 약간 부족하므로 월 100만 원 정도의
　　소득활동을 한다
　③ 노령연금이 많이 부족하므로 월 300만 원 정도의
　　소득활동을 한다
　④ 연기연금을 신청하고 월 500만 원 정도의 소득활동을 한다

국민연금 수령시점에 소득이 있더라도 국민연금 수급자의 월평균소득액(2025년 기준 309만 원)을 초과하지 않으면 감액하지 않습니다. 따라서 ①은 가장 나쁜 선택이구요. ②③은 국민연금 수급자의 월평균소득액을 초과하지 않으므로 국민연금 감액이 없으니 괜찮습니다. 가장 좋은 선택은 ④인데요. 아무리 소득이 많더라도 ④와 같이 연기연금을 신청하면 국민연금 감액이 전혀 없습니다.

☑ 당신은 퇴직연금의 수익률을 높이기 위해 디폴트옵션(사전지정
운용)을 어떻게 정할 것입니까?

　① 안전한 정기예금에 100% 지정한다

　② 예금과 펀드를 혼합하여 지정하되, 펀드는 주식비중이
　　상대적으로 높은 주식혼합형펀드를 편입한다

　③ 국채에 70% 투자하고, 주식에 30% 투자하는 TRF로 지정한다

　④ 채권형펀드에 30% 투자하고, 주식형펀드에 70% 투자한다

퇴직연금의 디폴트옵션을 정하는 기준은 연령, 투자성향 등에 따라 각
기 다르기 때문에 ①②③④ 모두 답이 될 수 있습니다. 따라서 원금보
장을 중시하는 보수적인 투자자라면 ①이 적합하고, 어느 정도 위험도
감수할 수 있는 중립적 투자자라면 ②③이 적합하고, 높은 수익을 위해
높은 위험도 감수할 수 있는 공격적 투자자라면 ④도 괜찮습니다.

☑ 당신이 은퇴 후 매월 300만 원을 받을 수 있는 방법과 가장
거리가 먼 것은 어느 것일까요?

　① 직장생활을 30년 이상 유지한다

　② 은퇴 전에 개인연금상품에 매월 75만 원씩 적립한다

　③ 은퇴 후 소득이 없어지면 주택연금을 활용한다

　④ 보험사의 보험에 최대한 많이 가입한다

은퇴 후 매월 300만 원을 받으려면 ① 국민연금과 퇴직연금을 확보해야 하고 ② 개인연금을 통해 부족한 자금을 보충할 수 있어야 합니다. 그리고 ③ 주택연금을 활용하면 좀 더 여유 있는 노후생활이 가능합니다. 반면 ④와 같은 과도한 보험가입은 매월 보험료 부담이 커지고, 보험사업비로 인하여 수익률 또한 좋다고 할 수 없으므로 적절하지 않습니다.

☑ 퇴직금 1억 원을 수령하여 활용하는 방법으로 가장 적절하지 않은 것은 어느 것일까요?

① 퇴직소득세를 절감하기 위해 주거래은행의 월급계좌로 수령한다

② 매월 분배금을 지급하는 월배당 ETF에 넣어둔다

③ 공격적인 투자자라면 3년 이상 배당을 꾸준히 하는 배당주에 투자한다

④ IRP계좌에 이체한 후 TIF에 투자한다

①은 적절하지 않습니다. 퇴직소득세를 절감하려면 IRP계좌로 수령해야 합니다. ②③④는 모두 퇴직금을 활용하는 방법이라고 할 수 있습니다. 다만, 자신의 투자성향에 부합하게 주식투자 비중을 정해야 합니다. IRP계좌에서 일반 펀드, 월배당 ETF, 리츠ETF, 인프라펀드 등에 투자할 수 있지만, 배당주 투자는 불가합니다. 배당주 투자는 ISA계좌를 활용하는 것이 유리합니다.

☑ 퇴직 후에도 월급과 같은 소득을 만들기 위한 노력으로
적절한 것을 모두 골라본다면?
① 은퇴 후 생활기간과 적정생활비 규모를 예측해 본다
② 내 연금을 조회하여 연금수령 기간과 예상수령액을 확인한다
③ 소득 공백기간에 월 생활비를 충당할 수 있는지 확인한다
④ 직장경력, 자격증 등을 활용하여 추가 소득 재원을 발굴한다

①②③④ 모두 퇴직 후에도 월급과 같은 소득을 만드는 좋은 방법입니다. ① 은퇴 후 30년 기준, 적정생활비 월300만원 기준으로 하되, 자신의 건강·자산·소비수준을 고려하여 예측해 보십시오. ② 금융감독원 통합연금포털에서 자신의 국민연금, 퇴직연금, 개인연금, 주택연금 등을 나이별로 조회할 수 있습니다. ③ 퇴직 후 연금수령 전까지는 소득 공백기간이라고 하는데, 이 기간을 잘 보내기 위해 개인연금 또는 추가 소득활동이 필요합니다. ④ 퇴직 후에도 소득활동을 하는 것을 권장합니다. 경제적으로도 좋고, 심리적으로도 외롭지 않게 하는 것이니까요.

Part 4

지출세팅

돈을 버는데…
왜 항상 쪼들리며 살지?

Chapter 01

내 월급은 입금과 동시에 사라진다?

표상욱 씨의 월급통장에는 매월 월급이 들어옵니다. 하지만 그다지 즐겁지 않습니다. 월급은 순식간 통장을 스쳐 갈 뿐, 쌓이는 게 없습니다. 들어오는 돈은 한정되어 있는데, 카드대금·대출이자·자녀학원비·관리비 등 나가야 할 돈은 끝이 없습니다. 쉬지 않고 열심히 돈을 벌고 있는데, 왜 항상 쪼들리며 살게 되는 걸까요?

첫째, 기본적인 소비수준이 높아졌기 때문입니다. 과거에는 없었던 휴대폰을 가구당 4개나 씁니다. 식구 수만큼 컴퓨터 또는 노트북이 있고, 식구 수만큼 통신비와 구독료도 매월 발생합니다. TV는 대형화되었고, 냉장고와 별도로 김치냉장고와 에어컨도 기본적인 생필품이 되었습니다. 특별히 낭비하는 것도 아닌데, 기본적인 소비만으로도 돈이 많이 들어갑니다.

둘째, 체감물가가 매우 높기 때문입니다. 정부에서 발표하는 소비자물가상승률은 2%라는데, 내가 느끼는 물가상승률은 10% 이상입니다. 집값뿐만 아니라 전세가도 억 단위로 올라가고, 사교육비도 매년 10% 이상 늘어납니다. 100만 원 하던 스마트폰 가격은 어느새 200만 원을 훌쩍 넘어섰습니다. 내 월급은 3% 올랐는데, 물가는 10% 오른 것처럼 느껴지는 것은 나만의 착각인가요? 내 월급은 3% 올라가는 데 써야 할 돈은 10%씩 높아집니다.

기본적인 소비수준과 체감물가가 높아지는 지금까지도 예금과 같이 '안전한 저축'만 하는 분들이 있습니다. 100만 원 하는 스마트폰 신상품이 나왔습니다. 표상욱 씨는 100만 원으로 그 신상품을 사고 싶었지만, 꾹 참고 연 3% 이자를 주는 예금에 3년 동안 예치했습니다. 3년 후 원금 100만 원에 이자 9만 원을 받으니 109만 원이 되었습니다. 그런데 3년 후 다시 나온 스마트폰 신상품은 200만 원이 되어 있었습니다. 예금은 109만 원이 되었지만, 스마트폰값은 200만 원이 되어 91만 원이 부족하게 되었습니다. 그뿐만이 아닙니다. 월급은 10만 원 올랐는데, 전셋값이 올라 전세대출을 받았더니 매월 20만 원씩 대출이자가 나갑니다. 허리띠를 조르고 졸라 예금해도 시간이 지날수록 더 많은 돈이 빠져 나갑니다.

쉬지 않고 열심히 벌고 저축도 하는데 돈이 안 모이는 분들이 있습니다. 왜 그런지 아세요? 아직도 저축만 하고 투자를 꺼리기 때문에 돈이 안 모이는 것입니다. 기본적인 소비 자체도 늘었고, 체감물가도 높습니다. 이런 상황에서 고작 연 3%짜리 예금만 하는 것은 '끓는 물 속의 개구리' 같은 격입니다. 2024년 가계금융복지조사에 의하면 금융자산 운용 시 선호하는 상품으로 예금이 87%로 가장 높게 나타나고 있고, 주식은 10%에 불과합니다. 예금으로는 우리의 기본적인 소비수준과 체감물가를 따라갈 수 없습니다. 고금리 시대에는 확정이자를 주는 저축(예금)이 답이었지만, 지금과 같은 저금리시대에는 저축보다 실적배당 하는 투자의 비중을 높여야 합니다. 저의 금융자산은 저축형상품이 20%, 투자형상품이 80% 정도로 투자의 비중이 압도적 높습니다. 그래서 '예금보다는 주식'을, '적금보다는 적립식펀드'를 선택합니다. 그렇지 않으면 평균적인 소비수준과 물가도 따라잡기 힘들기 때문입니다.

투자와 마찬가지로 지출도 효율적이어야 합니다. 그렇지 못한 지출을 저는 허당지출이라고 생각합니다. 의외로 허당지출하는 분들이 많습니다. 특히 허당지출 3가지 때문에 돈을 모으지 못하는 분들이 많습니다. 허당지출 첫 번째는 경쟁적 사교육비 지출, 두 번째는 잘 모르고 가입하는 과도한 보험료 지출, 세 번째는 따라하기식 명품소비 등입니다. 작은 지출을 줄이는 것도 의미 있지만, 더 중요한 것은 '큰 지출을 줄이는 것'입니다. 허당지출 3가지를 줄이면, 줄이는 만큼 투자할 수 있는 재원이 생기는 것을 의미합니다. 다음 글에서는 허당지출 3가지를 투자로 전환하는 방법에 대하여 차례차례 알아보도록 하겠습니다.

Chapter 02

1인당 사교육비
100만 원 시대?
그 끝은 어디인가요?

사교육비 얼마나 쓰고 있나요?

한국경제신문 2024년 5월 3일 자 기사에 의하면 서울의 월평균 사교육비가 1인당 98만 원이라고 합니다. '이 기사 정말이야?' 생각이 들 정도입니다. 최근 가구당 월 평균수입은 500만 원 정도 되는데, 월 평균수입의 20%가 사교육비로 들어가는 셈입니다. 사교육비는 경제가 좋든 안 좋든 계속 올라가는 것 같습니다. 중앙일보 기사에 의하면 고등학생 자녀를 둔 학부모 김모 씨는 영어 35만 원, 수학 40만 원, 국어 30만 원, 과학 20만 원 등 자녀 학원비로 매달 120만 원 이상 나간다고 합니다. 또 문제집·인터넷 강의·스터디카페 비용까지 포함하면 한 달에 200만 원 정도가 든다고 합니다. 저도 궁금해서 몇몇 지인에게 물어보니 사교육비로 월 400만 원 쓰는 분도 계시더군요. 사교육비를 충당하기 위해 직장인들은 투잡을 하고, 전업주부였던 엄마들도 알바를 한다고 하니 심각한 듯 보입니다.

사교육비가 점점 증가하는 이유가 뭘까요? 교육부와 통계청의 '2023년 사교육비 조사 결과'에 따르면, '불확실한 미래에 대한 부모의 불안감'이 주요 원인이라고 집계되었습니다. 내 아이가 원하는 대학에 갈 수 있을까에 대한 불안감, 사회 불평등 심화에 대한 불안감, 내 아이가 가질 직장에 대한 불안감 등이 사교육비를 점점 높여간다는 것입니다. 그리고 이런 불안감을 이용한 입시학원들의 공포마케팅이 부모들을 압박하여 과도한 사교육 투자를 유발한다고 합니다.

사교육비 반 줄이면 노후자금 2억?

자산관리의 관점에서 보면 사교육비는 대폭 줄여야 합니다. 사교육비를 쓴다는 것이 나쁘다는 것이 아닙니다. 너무 지나치다는 것입니다. 자녀의 사교육비 때문에 에듀푸어(과다한 교육비 지출로 가난해진 계층)가 많아지고 있습니다. 에듀푸어는 자신의 노후자금을 적립할 여력이 없기 때문에 실버푸어(노후준비를 못해 가난해진 계층)로 이어질 가능성이 높습니다. 실버푸어가 되면 자녀가 부모를 부양해야 하는데, 그동안 부양만 받아왔던 자녀가 부모를 부양할 수 있을까요? 부양은커녕 부모도, 자녀도 모두 가난해지기 쉽습니다.

저의 소견으로는 자녀교육비는 '월급의 10% 이내'로 책정했으면 좋겠습니다. 월급이 500만 원이라면 사교육비로 50만 원을 초과하지 않도록 관리하는 것이 합리적입니다. 서울의 1인당 사교육비가 약 100만 원 정도 된다는데, 50만 원으로 줄였으면 좋겠습니다. 줄인 50만 원은 매월 적립식펀드에 적립하십시오. 자녀가 초등학교에서 대학 졸업할 때까지 16년 걸립니다. 16년 동안 사교육비 100만 원 쓰는 대신 50만 원만 사교육비로 쓰고, 나머지 50만 원을 저축하면 얼마나 되는지 아십니까?

<표43> 사교육비 50만원 줄이면 생기는 목돈(예시)

구분	상품	월 적립액	적립기간 (초등~대학)	적립총액	*만기 예상평가금액
적금	정기적금	500,000	16년	9,600만원	1억2,000만원
펀드	반도체ETF	500,000	16년	9,600만원	2억4,300만원

※ 실제 만기평가금액은 상품유형 및 시장상황 등에 따라 다름

<표43>에서 보는 바와 같이 정기적금으로 적립한 경우에는 1억 2천만 원이 됩니다. 반도체 ETF로 적립한 경우에는 시뮬레이션 결과 무려 2억 4천만 원 정도의 목돈이 되었습니다. 장기투자하는 것이므로 ETF로 적립하는 것이 유리하다고 봅니다. 이 정도의 종잣돈이 마련되어 있으면, 자녀가 졸업하고 난 후 경제적 자립을 하는 데 엄청난 도움이 될 수 있을 것입니다.

사교육비를 많이 지출하는 것과 자녀가 경제적으로 독립하는 것은 별개의 문제입니다. 냉정하게 생각해 봅시다. 사교육비를 아무리 많이 쓴다 해도 내 자녀가 좋은 대학에 반드시 간다는 보장은 없습니다. 좋은 대학에 갔다고 해도 좋은 직장을 구하는 것이 보장되는 것이 아닙니다. 또 좋은 직장에 들어갔다고 하여 자녀의 경제적 독립과 행복이 보장되는 것도 아닙니다. 하지만 사교육비를 줄여 매월 50만 원씩 적립하면 1~2억 원 정도의 확실한 종잣돈이 만들어집니다. 확실한 종잣돈은 자녀의 경제적 독립과

행복에 확실하게 도움을 줄 것입니다.

　　적절한 사교육비(월급의 10% 이내) 지출은 저도 인정합니다. 하지만 과다한 사교육비(월급의 10% 초과)는 허당지출이라고 생각합니다. 〈표43〉에서 보는 바와 같이 허당지출 50만 원 줄이면 1~2억 원의 목돈이 생깁니다. 2억 원을 어떻게 할 것이냐는 당신의 선택에 달려있습니다. ① 2억 원을 모두 자녀의 독립자금으로 활용합니다. ② 2억 원 모두 나의 노후자금으로 활용합니다. ③ 1억 원은 자녀의 독립자금, 1억 원은 나의 노후자금으로 활용합니다. 자~ ①②③ 중 하나를 선택하십시오!

Chapter 03

보험세팅으로
매월 170만 원이
생긴다면?

무심코 든 보험,
허당지출 5억 될 수도?

금융소비자연맹 보도자료 656호에 의하면 우리나라는 1가구당 평균 12개의 보험에 가입하고 있고, 매월 103만 원의 보험료를 내는 것으로 밝혀졌습니다. 세계적인 재보험사인 스위스리가 발간한 '시그마' 보고서에서는 한국인의 1인당 월 보험료를 32만 원 정도로 파악하였습니다. 우리나라 가구원이 3명이라고 가정할 때 매월 100만 원 정도의 보험료가 지출된다고 볼 수 있습니다. '다들 먹고 살기도 힘들다고 하는데, 보험료를 이렇게 많이 내는 것이 사실인가?'하는 의심이 들 정도입니다. 그래서 제 지인 몇 분에게도 보험료 얼마 내느냐고 물었더니 6명 중 5명이 100만 원~200만 원 정도 내고 있더군요. 정말이구나!

제가 잘 아는 직장인 S씨는 매월 보험료로 190만 원이나 내고 있었습니다. 고소득자도 아닌데 웬 보험료를 이렇게 많이 내냐고 했더니, '아는 사람들이 부탁할 때마다 가입했더니 이렇게 되었다'라고 합니다. 그리고 그는 정작 3천만 원짜리 마이너스통장으로 생활하고 있었습니다. 저는 그가 가입한 모든 보험증권을 가져오라고 했습니다. 보험료를 구분해 정리하니, S씨 보험료는 월

133만 원, 배우자 월 25만 원, 아들 월 17만 원, 딸 월 15만 원이었습니다. 제가 볼 때 S씨는 4가지가 문제였습니다. 첫째 월 보험료가 과다하다는 점, 둘째 저축목적으로 가입한 변액종신보험이 많다는 점, 셋째 재해보장 중복이 많다는 점, 넷째 보험료 과다로 인한 돈맥경화(돈이 한쪽에 쏠려 제대로 돌지 않는 상황)가 있다는 점 등입니다.

저는 S씨의 보험을 새롭게 세팅해 주었습니다. S씨 가정의 보험료가 높아진 가장 큰 이유는 고액의 변액종신보험료와 재해보장특약의 중복가입 때문이었습니다. 그래서 보험목적에 맞지 않고 보장혜택이 적은 변액종신보험, 보장내용이 중복된 보험, 가성비가 낮은 보험 등을 해약하기로 하였습니다. 반면 보험료가 저렴하면서 보장금액이 큰 보험은 계속 유지하는 것으로 하였습니다. 그리고 일부 보험은 가성비 좋은 인터넷 보장성보험으로 대체하였습니다. 이렇게 수정하고 나니 〈표44〉와 같이 월 보험료는 190만 원에서 18만 4천 원으로 줄어들었습니다. 그뿐만 아니라 저축성 보험을 해약했더니 5천만 원의 목돈이 생겼습니다.

이와 같은 보험세팅으로 인하여 3가지가 달라졌습니다. 첫째, 보험의 보장금액은 줄어들지 않으면서 월 보험료는 1/10로 낮아져 가성비가 좋게 되었습니다. 이제 더 이상 보험료 납부가 부담

<표44> 직장인 SMI 보험세팅 전후 비교[예시]

구분	월 보험료		수정 후 보험내역	
	보험세팅 전	보험세팅 후		
A씨 본인	1,330,000	81,000	실비보험	21,000
			운전자보험	15,000
			질병보험	45,000
배우자	250,000	73,000	실비보험	30,500
			운전자보험	9,500
			질병보험	33,000
아들1	170,000	16,000	실비보험	9,000
			상해보험	7,000
딸1	150,000	14,000	실비보험	8,000
			상해보험	6,000
합계	1,900,000	184,000		

스럽지 않게 되었습니다. 둘째, 보험료가 1/10수준으로 낮아지면서 매월 170만 원의 여윳돈이 생겼습니다. 그동안 적금도 못 하고 마이너스통장을 쓰고 있었는데 이제 적금할 수 있게 되었습니다. 셋째, 저축성보험을 해약함으로써 가정경제에 큰 도움이 되는 목돈 5천만 원이 생겼습니다. 손해를 보았지만, 이 돈을 잘 활용하면 보험 상태로 있는 것보다 더 잘 활용할 수 있습니다. 이것으로 대출금을 상환할까? 투자할까? 행복한 고민을 하게 되었습니다.

직장인 S씨는 보험세팅 후 자산은 어떻게 달라질까요? 〈표45〉에서 '기존보험을 유지한 경우'와 '새롭게 세팅한 경우'를 비교해보면 엄청난 차이가 난다는 것을 알 수 있습니다. 기존보험으로 매월 190만 원씩 내면서 유지하는 경우 5년 후 보험료만 총 1.1억 원을 내게 되고, 10년 후에는 총 2.3억 원을 내게 되고, 20년 후에는 총 4.5억 원 내게 됩니다. 하지만 해약하지 않는 한 노후자금으로 활용할 돈은 하나도 없습니다. 물론 S씨가 사망하면 변액종신보험에서 1억 원의 보험금이 나오지만, 생존하는 동안에는 노후자금으로 쓸 돈이 없습니다. 변액종신보험을 제외한 다른 보험도 많이 있지만, 대부분 보장성보험이기 때문에 만기환급금이 거의 없습니다. 결국 S씨가 죽지 않는 한 받을 돈이 거의 없습니다.

〈표45〉 직장인 S씨 보험세팅 후 노후자금(예시)

구분	기존 보험 유지한 경우			구분	기존보험을 새롭게 세팅한 경우		
	월보험료 1,900,000원				월보험료 184,000원		
기간	5년 후	10년 후	20년 후	기간	5년 후	10년 후	20년 후
보험료	1.1억원	2.3억원	4.5억원	보험료	0.1억원	0.2억원	0.4억원
적금	0	0	0	적금 월170만원(3%)	1억원	2억원	4억원
해약금	0	0	0	해약금 5천만원(3%)	0.6억원	0.7억원	1억원
*예상 노후자금	0	0	0	*예상 노후자금	1.6억원	2.7억원	5억원

한편 기존보험을 새롭게 세팅하여 매월 18만 4천 원씩 내는 경우에는 20년을 통틀어 보험료 납입액은 4천만 원에 불과한데, 매월 적금으로 넣은 170만 원은 20년 후 4억 원이 되고, 해약환급금 5천만 원은 1억 원이 되어 총 5억 원의 노후자금이 확보됩니다. 다만, 실비보험이나 질병보험은 갱신특약으로 인하여 보험료가 올라가는 것을 반영하지 않아서 정확한 금액이라고 할 수는 없습니다. 하지만 아무리 보험료가 오른다 해도 5년마다 1억 원씩 증가하지는 않을 것이기에 새롭게 세팅하는 경우가 훨씬 유리합니다.

억대 허당지출 만드는 보험, 피하는 방법은?

보험도 제대로 가입하지 않으면 엄청난 허당지출이 될 수 있습니다. 보험이 허당지출이 되지 않으려면 가성비 좋은 보험만 선택해야 합니다. 가성비 좋은 보험은 인터넷에서 찾을 수 있습니다. 온라인 보험슈퍼마켓인 '보험다모아' 사이트(www.e-insmarket.or.kr)을 통하여 보험에 가입하면 됩니다. 보험다모아 사이트에서는 모든 보험사의 다양한 상품들을 인터넷을 통해 가입할 수 있도록 해 놓았습니다. 모든 보험사의 상품과 보험료를 비교·확인할 수 있기 때문에 가장 가성비 좋은 보험을 선택할 수 있습니다.

독자님이 중산층 정도의 직장인이라면 다음 4가지의 기준을 가지고 보험을 선택하셔야 유리합니다. 첫째, 저축성보험보다는 보장성보험에 가입하십시오. 통상 저축성보험은 보험료는 많고 보장혜택은 적습니다. 반면, 보장성보험은 보험료가 적으면서 보장혜택은 큽니다. 둘째, 변액보험보다는 정액보험이 적절합니다. 변액보험은 보험료로 주식, 채권 등에 투자하여 손실이 나면 보험금이 줄어듭니다. 반면 정액보험은 투자성과에 관계없이 무조건 정액(ex. 1억 원)으로 보험금을 주기 때문에 보험금이 줄어드는 일이 없습니다. 셋째, 보험은 인터넷(비대면)을 통하여 가입하십시오. 그리하면 보험료가 저렴하고 보험혜택은 높은 상품을 선택할 수 있습니다. 넷째, 보험료가 10만 원을 초과하는 보험은 피하십시오. 보험료가 10만 원이 넘어가면 중도해약 가능성이 매우 큽니다. 실제 금감원 조사 자료에 의하면 보험가입 후 10년 이내에 가입자의 50% 이상이 해약하는 것으로 나타났습니다.

<표46> 중산층의 보험 선택기준 4가지

이런 보험 No!	이런 보험 Yes!
저축성보험	보장성보험
변액보험	정액보험
종신보험	인터넷 보험
10만원 초과 보험	10만원 미만보험

반면, 정말 돈이 많은 부자라면 위와 같은 선택은 적절하지 않습니다. 이분들은 보험으로서의 보장보다는 절세가 중요하기 때문입니다. 이분들은 보장성보험보다 10년 후부터 비과세 되는 저축성보험이 유리합니다. 중도해지를 하지 않고 만기까지 보유할 수 있으므로 변액보험도 나쁘지 않습니다. 상속세 재원을 마련하기 위한 종신보험도 좋습니다. 월보험료가 10만 원을 초과하

여도 절세에 도움이 된다면 부자들에게 유리한 보험입니다.

중산층의 보험 선택기준에 부합하는 보험 3가지가 있는데요. 무엇일까요? 그것은 의료실비보험, 상해보험, 질병보험입니다.

의료실비보험은 질병이나 사고로 인해 본인이 부담해야 하는 실제 병원비를 보장하는 보험상품입니다. 국민건강보험이 적용되지 않는 의료비, 예를 들어 MRI, CT 촬영비 등도 보장합니다. '보험다모아'에서 인터넷으로 가입하는 경우 보험료는 30대는 월 1~2만 원 정도, 40대는 월 3~4만 원, 50대는 월 5~7만 원 정도 된다고 보시면 됩니다. 하지만 대기업이나 금융기관 등 복지제도가 좋은 회사는 직원복지 차원에서 의료실비보험을 회사비용으로 가입해 주는 경우가 있습니다. 이런 경우에는 굳이 의료실비보험을 개인적으로 가입할 필요가 없습니다. 의료실비보험은 2개 들었다고 하여 보험금이 2배로 나오는 것은 아니기 때문입니다.

상해보험은 교통사고와 같이 '외부의 충격'으로 인하여 다치거나 죽게 되면 보상해 주는 보험입니다. 반면 질병보험은 암과 같이 '내부의 질병'으로 인하여 아프거나 죽게 되면 보상해 주는 보험입니다. 상해보험과 질병보험은 보장성보험이라고 할 수 있는데, 이 상품도 '보험다모아'에서 인터넷으로 가입하는 것이 유리합니다. 상해보험은 나이에 따른 보험료 차이가 거의 없으며 월 1~3만 원 정도입니다. 반면 질병보험은 나이가 많아질수록 보험료가 높아집니다. 30대는 월 1~2만 원 정도, 40대는 월 3~4만 원, 50대는 월 5~7만 원 정도의 상품을 선택하면 될듯합니다.

이런 기준을 가지고 보험에 가입한다면, 보험 때문에 허당지출하는 일은 없을 것이라고 봅니다. 보험은 만기가 20년, 30년 혹은 종신이므로 처음에 세팅을 제대로 하지 못하면 억대의 돈이 허당지출될 수 있습니다. 만약 이미 많은 보험료가 나가고 있다면 지금이라도 보험세팅을 새롭게 할 필요가 있습니다.

Chapter 04

한번 사는 인생,
멋지게 살다 갈래요.
명품소비의 민낯은?

명품소비,
미국을 제치고 한국이 세계 1위!

2023년 미국 CNBC 방송이 모건스탠리의 보고서를 토대로 보도한 자료에 의하면, 한국의 1인당 명품 소비지출이 세계 1위에 올랐다고 합니다. 그간 우리나라 경제성장은 점점 둔화하고, 위기가 올 수도 있다고 경고하는 전문가도 있는데 그토록 많은 돈을 명품에 소비하는 이유는 무엇일까요? 전문가들은 이러한 한국인의 명품 소비 성향을 '과시적 소비의 일환'이라고 분석합니다. 자신의 사회적 지위를 더 높게 표현하는 방법으로 명품을 선택하다 보니까 자신의 경제적 능력을 넘어선 명품소비를 유발한다는 것입니다. 이러한 과시욕은 SNS를 통해 더 확산되는 듯합니다. 만약 SNS가 없다면 명품을 과시해 봐야 고작 주변의 몇몇 지인을 대상으로 할 뿐입니다. 하지만 SNS를 이용하면 시공간을 넘어서 과시의 범위와 대상이 현저하게 늘어나기 때문이지요.

저는 명품소비를 하지 않습니다만 그렇다고 명품소비를 무조건 부정적으로 보는 것은 아닙니다. 경제적 여건이 충분하고, 명품소비로 자신의 가치와 행복을 느낀다면, 그건 그들의 자유영역이니까요. 하지만 자신의 경제적 수준을 넘어선 과도한 명품소비는 적절하지 않다고 봅니다. 과거 제 고객이었던 B씨는 명품을 좋아했는데요. 자기 월급의 3배 이상 되는 명품을 사곤 했습니다. 적립식 펀드투자를 시작하기도 했지만, 얼마 가지 않아 명품 사는데 써버렸습니다. 월급이 꽤 많은 대기업 직원이었음에도 카드 돌려막기를 해야 할 만큼 빠듯하게 생활하면서도 명품소비를 계속하더군요. 그는 온갖 명품의 장점들을 얘기하고, 인스타에 올리며 즐거워했지만, 저는 오히려 안타까웠습니다. 마치 낮은 자존감을 명품 과시욕으로 감추는 것 같았거든요.

돈 걱정 없는 노후를 위한 은퇴세팅법

명품소비자 말고
명품주인이 됩시다!

어느 날 갑순이가 명품가방 루이비통 카퓌신을 들고 회사에 출근했습니다. 주변 사람들의 눈길이 자신에게 쏠리는 것이 기분 좋았습니다. 무려 1천만 원이나 주고 샀으니 과시하고 싶었거든 요. 남자친구인 갑돌이게도 자랑하고 싶어서 퇴근할 때 시간 맞춰 만나자고 했습니다. 갑돌이는 퇴근시간에 데리러 간다고 큰 소리로 화답했습니다. 기다리고 기다리던 퇴근시간이 되었습니다. 근데, 웬일입니까? 갑돌이가 3억 원이 넘는 명품 차 페라리 로마 스파이더를 끌고 왔습니다. 명품가방을 자랑하려 했던 갑순이는 깜짝 놀라 갑돌이게 물었습니다. "무슨 돈이 있다고 이런 차를?" 그러자 갑돌이는 턱을 위로 치키면서 "코인에서 대박 났어, 이제 나를 아무도 무시하지 못할걸!"

독자님은 이런 명품을 가진 갑순이와 갑돌이가 부럽습니까? 저는 부럽지 않습니다. 왜냐하면 이 명품들은 소비품이기 때문입니다. 소비품은 시간이 갈수록 가치가 떨어져서 언젠가는 헐값이 될 것입니다. 독자님은 '루이비통 소비자'가 되고 싶습니까? 아니면 '루이비통 주인'이 되고 싶습니까? 저는 루이비통 주인이 되

카퓌신 1천만 원　　　　　　　페라리 로마 스파이더 3억 7천만 원

고 싶습니다. 루이비통 주인이 되어 루이비통 소비자에게 신상 루이비통 가방을 계속 팔아서 더 많은 수익을 챙기고 싶습니다.

　그러면 어떻게 하면 루이비통 주인이 될 수 있을까요? 그 방법은 간단합니다. 루이비통 주식을 사면 됩니다. 루이비통 주식을 사면 루이비통의 주인인 주주가 되는 것이니까요. 그래서 저에게 만약 1천만 원이 있다면 '루이비통 가방'을 사느니, '루이비통 주식'을 사겠습니다. 루이비통 주식은 최근 5년 동안 148%나 상승했습니다. 그뿐만 아니라 연간 2% 정도의 배당금도 줍니다. 5년 전에 루이비통 주식에 1천만 원 투자했다면, 주가상승과 배당수익으로 2천500만 원이 됩니다. 5년 전에 산 루이비통 가방은 얼마가 되었을까요? 아마도 신상에 밀려 가치가 뚝 떨어졌을 것입니다.

최근 5년간 루이뷔통 주가상승률

명품차 페라리 로마 스파이더를 산 갑돌이가 부럽습니까? 저는 부럽지 않습니다. 저에게 3억 원이 있다면 '페라리 차'가 아니라 '페라리 주식'을 살 것입니다. 페라리 주식은 최근 5년 동안 168%나 상승했습니다. 또한 연간 0.6% 정도의 배당금도 줍니다. 5년 전에 페라리 주식에 3억 원 투자했다면, 주가상승률과 배당수익률을 고려할 때 8억 원 이상으로 불어납니다. 5년 전에 페라리 차를 산 사람은 얼마 되었을까요? 가치가 뚝 떨어졌을 것입니다.

독자님은 명품소비자가 부럽습니까? 명품주주가 부럽습니

최근 5년간 페라리 주가상승률

까? 저는 명품주주가 부럽습니다. 명품소비자는 시간이 갈수록 명품의 가치가 줄어들어 손해를 봅니다. 반면, 명품주주는 시간이 갈수록 명품주식의 주가가 상승하여 큰 수익을 기대할 수 있습니다. 명품소비자보다 명품주주가 되십시오. 명품주주가 되는 것이 어려운 일도 아닙니다. 돈이 적으면 명품주식 10주만 사서 명품주주가 될 수도 있고, 여유가 있으면 1천만 원 상당의 명품주식을 사서 명품주주가 될 수도 있습니다. 명품주주가 되면 명품소비자를 부러워하기보다 감사하게 생각할 수 있습니다. 왜냐하면 명품소비자들이 명품주주의 주가를 올려주기도 하고, 매년 배당금도 받게 해 주기 때문입니다.

Chapter 05

노후에도 이것을 모르면 세금폭탄 맞을 수도!

연금소득에 대한 세금을 적게 내려면?

앞에서 노후를 위해 매월 안정적인 현금이 들어오게 하는 방법들을 많이 소개했습니다. 그리고 또 한 가지 놓치지 말아야 할 것은 바로 세금 문제입니다. 노후에는 소득도 적은데 무슨 세금이냐고요? 통상적으로 직장생활 하다가 퇴직하면 월급이 없으니, 세금을 신경 쓰지 않는 경우가 많습니다. 하지만, 노후를 위해 준비했던 각종 연금상품·주식·채권 등으로부터 나오는 연금·배당·이자 등도 소득입니다. 소득이 있으니, 세금도 있습니다. 연금을 받으면 연금소득세를 내야하고, 배당을 받으면 배당소득세를 내야하고, 이자를 받으면 이자소득세를 내야 합니다.

노후에 대표적인 소득은 연금소득입니다. 연금소득에 대하여 과세하는 방법에는 3가지가 있습니다. 국민연금은 종합소득세로 과세하고, 퇴직연금은 퇴직소득세로 과세하고, 개인연금은 연금소득세로 과세합니다. 하나하나 살펴보도록 하겠습니다.

첫째, 국민연금은 국민연금보험료를 납부하는 동안에는 '비과세'해 주지만, 연금개시 시점이 되어 국민연금을 수령하기 시작하면 '과세'합니다. 국민연금소득은 종합과세 대상으로 '종합소득세'

<표47> 연금소득에 대한 세율

(2024.12.31 기준)

연금	종류	세금유형	세율
공적연금	국민, 공무원, 군인, 사학	종합소득세	6.6%~49.5%
퇴직연금	DB형, DC형	퇴직소득세	6.6%~49.5%
개인연금	IRP, 연금저축	연금소득세	3.3%~5.5%

※ 향후 세법 개정에 따라 변경될 수 있습니다

로 과세합니다. 직장생활만 하셨던 분은 연말정산으로 '근로소득만 과세'만 했기 때문에 '종합과세'가 무슨 의미인지 모르죠? 근로소득 과세는 1년간의 근로소득에 대하여만 세금을 내면 됩니다. 반면 종합과세는 1년간 근로소득·이자소득·배당소득·사업소득·연금소득 등을 합산한 모든 소득에 대하여 세금을 내야 합니다. 종합과세는 1년간의 모든 소득을 '합산'하므로 과세대상 금액이 많아지고, 과세 대상금액이 높아지면 세율도 높아집니다. 국민연금의 연금액은 종합과세 대상에 해당해 다른 소득과 합산하여 세금을 부과하므로 세율이 높아질 수 있습니다.

예를 들어 차세돌 씨는 은퇴 후 매월 국민연금 100만 원(연간 1,200만 원) 받고, 강사활동을 하면서 매월 강의료를 100만 원(연간 1,200만 원)을 받는다고 가정해 볼게요. 그러면 국민연금과 강의료를 '합산'하여 종합과세 합니다. 연간 국민연금 1,200만 원에 대한 세율은 6.6%, 연간 강의료 1,200만 원에 대한 세율도 6.6%입니다. 하지만 차세돌 씨의 국민연금(연금소득)과 강사료(사업소득)를 합산하면 연간 2,400만 원입니다. 세법상 과세표준 1,400만 원 ~5,000만 원 구간의 세율은 16.5%입니다. 따라서 차세돌 씨는 연금소득과 사업소득을 합산하여 종합과세 되므로 6.6%가 아니라 16.5%의 세율로 세금을 내야 합니다. 국민연금에 적용되는 세율은 합산 소득금액에 따라 최소 6.6%에서 최대 49.5%입니다. 따라서 종합과세 대상이 되면, 모든 소득을 합산하여 세금을 부과하기 때문에 세금폭탄을 맞을 수도 있습니다.

둘째, 퇴직연금은 '퇴직소득세'로 과세하는데요. 국민연금과 같이 세율의 범위가 최소 6.6%에서 최대 49.5%나 됩니다. 퇴직연금의 경우에는 퇴직소득에 근무연수를 반영하여 과세표준을 낮추어 주기 때문에 근무연수가 많을수록 실제 세율이 낮습니다. 〈표48〉에서 보는 바와 같이 근무연수가 1년인 경우에는 실제 세율이 20~30% 되지만, 근무연수가 30년이 되면 7% 이하로 낮아집니다. 따라서 퇴직소득세를 줄이기 위해서는 한 직장에서 오래 근무하여 근속연수를 늘리는 것이 유리합니다. 퇴직금을 수령할 때도 절세하는 방법이 있는데요. 퇴직금을 IRP계좌로 받으면 퇴직소득세 납부를 연금수령 시까지 늦출 수 있습니다. 연체이자 없이 세금을 늦게 내도 되니, 무조건 좋은 것이지요. 또한 IRP계

<표48> 근속연수별 퇴직소득세 및 적용세율(예시)

퇴직급여	근속연수별 퇴직소득세				
	1년	5년	10년	20년	30년
5천만원	990만원	240만원	75만원	0	0
	20%	5%	1%	0%	0%
1억원	2,500만원	1,000만원	430만원	120만원	26만원
	25%	10%	4%	1%	0%
3억원	8,800만원	6,400만원	4,300만원	2,000만원	1,000만원
	29%	21%	14%	7%	4%
5억원	1억5,000만원	1억2,000만원	9,800만원	5,800만원	3,600만원
	31%	25%	20%	12%	7%

※ 향후 세법 개정에 따라 변경될 수 있습니다

좌에 넣은 퇴직금을 일시금 방식으로 수령하지 않고 연금방식으로 수령하면 퇴직소득세도 절세할 수 있습니다. 퇴직금을 연금으로 수령하면 퇴직소득세를 30~40% 감면받을 수 있습니다. 연금으로 수령하는 10년까지는 퇴직소득세의 30%를 감면해 주고 11년 차부터는 퇴직소득세의 40%를 감면해 줍니다. 따라서 퇴직금은 IRP계좌를 통하여 연금방식으로 수령하는 것이 절세측면에서 유리합니다.

셋째, 연금저축과 IRP와 같은 개인연금은 '연금소득세'로 과세합니다. 개인연금수령 시 3.3~5.5%의 세율로 세금을 납부하면 됩니다. 국민연금이나 퇴직연금의 경우 6.6~49.5%의 세율이 적용되는 것에 비하면 훨씬 낮은 세율이 적용됩니다. 하지만 항상 개인연금에 대하여 항상 낮은 세율을 적용하는 것은 아닙니다. 개인연금소득이 연간 1,500만 원 이하인 경우에는 3.3~5.5%의 낮은 세율로 과세하지만, 연간 1,500만 원 초과하는 경우에는 종합소득세율인 6.6~49.5%의 세율이 적용됩니다. 따라서 개인연금에 대한 세금을 절세하려면 연간 개인연금액이 1,500만 원 이하로 받는 것이 좋습니다. 나의 연간 개인연금액이 1,500만 원 이하인지 초과인지 어떻게 알 수 있을까요? 전술하였듯이 금감원 통합연금포털에서 '내 연금 조회' 클릭하시면 인증절차를 거쳐 확인할 수 있습니다.

<표49> 개인연금소득에 대한 과세 방법 및 절세전략

(22024.12.31 기준)

개인연금소득 과세 방법	• 개인연금소득 연간 1,500만원 이하 : 저율 과세(3.3%~5.5%) • 개인연금소득 연간 1,500만원 초과 : 종합 과세(6.6%~49.5%)
절세 전략	• 수령기간 연장 : 10년 -> 20년 -> 30년 • 수령시점 분리 : 연금저축(55세~65세), IRP(65세~75세)

※ 향후 세법 개정에 따라 변경될 수 있습니다

예를 들어 허연화 씨는 55세부터 10년간 연금저축에서 1,500만 원, IRP에서 1,500만 원을 수령하게 되어 있다고 가정해 볼게요. 이 경우 연간 합계 3,000만 원을 수령하게 되어 6.6~49.5%의 세율이 적용됩니다. 연간 개인연금수령액이 1,500만 원을 초과하는 경우 어떻게 하면 세금을 줄일 수 있을까요?

두 가지 방법이 있는데요. 첫 번째 방법은 수령기간을 연장하는 방법입니다. 현재 허연화 씨는 수령기간이 10년으로 되어 있는데, 이 기간을 20년으로 연장하면 연간 3천만 원 받던 연금액이 1천5백만 원으로 낮아지게 될 것입니다. 그리되면 3.3~5.5%의 낮은 세율이 적용될 수 있습니다. 두 번째 방법은 수령시점을 분리하는 방법입니다. 예를 들어 연금저축은 55세~65세까지 수령하고, IRP는 수령시점을 늦추어 65세부터 75세까지 받기로 설정하면 매년 1천5백만 원씩 받는 셈이 되니까 3.3~5.5%의 낮은 세율이 적용될 수 있습니다.

금융소득에 대한 세금을 적게 내려면?

연금상품 외에도 노후를 위해 준비하는 금융상품들이 많습니다. 이자를 주는 예금으로 준비하는 분도 있고, 배당을 주는 ETF·ELS·펀드·고배당주 등으로 준비하는 분도 있습니다. 이자를 주는 상품에 가입하면 '이자소득'이 발생하기 때문에 이자소득세를 내야하고, 배당을 주는 상품에 가입하면 '배당소득'이 발생하므로 배당소득세를 내야 합니다. 통상 이자소득과 배당소득을 합하여 '금융소득'이라고 합니다. 현행 세법은 연간 금융소득이 2천만 원 이하이면 15.4%의 세금만 내면 됩니다. 하지만 연간 금융소득이 2천만 원을 초과하면 최고 49.5%의 세금을 낼 수도 있습니다. 따라서 금융소득은 연간 2천만 원 이하로 관리하는 것이 좋습니다. 그러기 위해서는 금융소득으로 잡히지 않는 '비과세 상품'을 활용하는 것이 좋습니다.

노후준비상품으로 적합한 비과세 상품에는 〈표50〉에 정리한 것과 같이 7가지가 있습니다. 노후준비를 위한 상품가입순서는 1순위는 개인연금상품(연금저축, IRP)이고, 2순위는 비과세상품입니다. 따라서 여유자금으로 개인연금상품(연금저축, IRP)에 가입한도까지 모두 납입하고도 돈이 남는다면 〈표50〉에서 제시한 비과세상품

<표50> 노후준비에 적합한 비과세 금융상품

(2024.12.31 기준)

금융상품	취급기관	가입대상	가입한도	세제혜택
ISA	은행, 증권사, 보험사	만19세 이상 거주자	연간 2천만원 (5년간 1억원)	일반형 200만원 비과세 서민형 400만원 비과세
비과세 종합저축	은행, 증권사, 보험사	65세 이상자, 장애인, 독립유공자 등	총5천만원	이자/배당소득 비과세
조합출자금	지역농협·수협· 산림조합, 신협, 새마을금고 등	조합원	총2천만원	배당소득 비과세
조합예탁금	지역농협·수협· 산림조합, 신협, 새마을금고 등	조합원	총3천만원	이자소득 비과세 (단, 농특세 1.4%)
저축성보험 (월적립식)	보험사	제한없음	월150만원	보험차익 비과세
저축성보험 (기타)	보험사	제한없음	총1억원	보험차익 비과세
저축성보험 (종신형연금)	보험사	제한없음	금액제한없음	보험차익 비과세

※ 향후 세법 개정에 따라 변경될 수 있습니다

에 추가로 가입하는 것이 유리합니다. 비과세상품의 가입순서는
여유자금 범위 내에서 ISA→비과세종합저축→조합출자금→저축
성보험 순으로 하는 것이 좋습니다.

Chapter 06

노후에 이런 지출은 늘려도 된다! 어떤 지출?

내 능력을 키우는 지출은 '돈줄'이다!

오래 사는 것은 축복이 아니라 리스크가 되었습니다. OECD에 의하면 우리나라의 노인 빈곤율은 40% 수준으로 OECD 회원국 평균(14%)보다 3배나 높습니다. 더욱이 60대 이상 노인층의 파산자 비율은 2020년에 30%를 돌파한 후 매년 증가하고 있습니다. 직장에서 퇴직하고 노후가 되면 소득 대비 지출이 많습니다. 따라서 안정적인 연금이 확보되어 있지 않은 한 노후빈곤은 커질 수밖에 없지요.

노후준비가 안 되었다면 어떻게 해야 할까요? 국가의 노후복지제도는 한계가 있고, 그렇다고 자녀에게 부양해 달라고 할 수도 없는 노릇입니다. 누구에게도 기댈 수가 없습니다. 내가 스스로 해결할 수밖에 없는 것이 현실입니다. 제가 존경하는 은퇴교육전문가 강창희 대표는 '가장 확실한 노후대비는 재테크가 아닌 평생 현역으로 사는 것'이라고 강조합니다. 쉽게 말하면 퇴직이니 은퇴니 상관없이 평생토록 돈을 벌어야 한다는 것입니다.

노후에도 돈을 벌 수 있는 능력이 있어야 합니다. 그 능력을 키우기 위해 나이에 상관없이 자기계발을 계속해야 합니다. 자기계발은 나에 대한 투자입니다. 자기계발은 20~30대 젊은 층의 전유물이 아닙니다. 직장을 퇴직한 50~60대도 인생 2막을 시작하는 신입직원과 다를 바 없습니다. 노후가 되면 소비성 지출은 줄여야겠지만, 자기계발을 위한 투자성 지출은 늘려야 합니다. 단순한 취미로서의 자기계발 말고, '수입과 연결될 수 있는 자기계발'이 좋습니다.

저의 경우에는 40대부터 제 능력을 높이고 수입화할 수 있는 책과 유료강의 콘텐츠를 많이 구입하였는데요. 저는 그러한 지출이 나에 대한 투자라고 생각했습니다. 그러한 투자성 지출 덕분에 지금은 책과 강의콘텐츠가 저의 평생 돈줄이 되었습니다. 50대인 지금도 저는 또 다른 자기계발을 하고 있습니다. 그림도 배우고, 캘리그라피도 하고, 60만 원짜리 유료강의도 결제하여 듣고 있습니다. 저의 경험으로 볼 때 자기계발은 무료보다 유료로 하는 것이 효과적입니다. 무료로 얻은 것들은 그 순간뿐, 실행하지 않아요. 하지만 유료로 배우거나 익힌 것들은 '내가 유료로 지출한 돈 이상으로 뽑아내야 한다'라는 생각으로 실행에 옮기게 되는 것 같습니다.

퇴직을 앞둔 제 친구 중에는 '어떻게 자기계발해야 할지' 고민하는 친구들이 있습니다. 혹시 여러분도 그런 고민 하시나요? 그렇다면 다음 4가지 중 하나를 선택하여 자기계발을 결정하기를 바랍니다. 그리고 결정했다면 지금 당장 실행하십시오. 나이는 50세든 60세든 상관없습니다.

첫째, 나의 '직장경력'을 활용하는 자기계발이 가장 좋습니다. 직장 퇴직 후 자신의 직장경력과 전혀 관련이 없는 일을 벌였다가 실패하는 것을 많이 보았습니다. 축구를 한 번도 안 해 본 사람이 축구를 잘할 수 없듯이, 경험이 없는 일로 돈줄을 만들 수는 없습니다. 저의 경우에는 금융기관에서 근무했기 때문에 금융과 투자, 자산관리에 대한 콘텐츠를 자기계발의 대상으로 정하고 실행했습니다. 그 결과 현재는 직장을 그만두었음에도 직장인의 월급 못지않은 돈줄이 생겼습니다. 자기계발에 대한 투자의 결과죠.

둘째, 내가 '잘하는 것'을 활용하는 자기계발이 좋습니다. 잘하지 못하는 것을 잘하게 만드는 것은 어렵습니다. 하지만 잘하는 것을 더 잘하는 것은 상대적으로 쉽습니다. 자신이 잘하는 것을 활용하여 돈줄을 만드는 것이 좋습니다. 저는 학창시절에 수업내용에 대한 요약정리를 잘하는 편이었습니다. 그래서 시험기간이 되면 저의 요약정리 노트를 복사해서 시험 준비하는 친구들이 많았었죠. 글 쓰는 재능을 살려 책을 쓰기 시작했는데요.

어느새 제 이름으로 출간한 책이 25권이나 됩니다. 책 한 권 쓰기도 어려운데 어떻게 25권이나 썼냐며 놀라는 분들도 있습니다. 하지만 글 쓰는 것을 잘했던 저는 그 일이 그리 어렵지 않았습니다.

셋째, 내가 '좋아하는 것'을 활용하는 자기계발이 좋습니다. 아무리 돈을 버는 것이라도 내가 싫어하는 것을 억지로 해야 하는 것이라면 좋은 선택이 아닙니다. 억지로 하는 것은 직장생활로도 충분합니다. 저는 금융기관에서 매일 수십, 수백 명을 만나야 했는데, 내성적인 성향의 저는 하루에 많은 사람을 만나는 것이 힘든 일이었습니다. 한편 저는 어릴 때부터 만화책을 좋아했는데요. 만화 속 스토리뿐만 아니라 만화책 글씨체도 관심이 많았습니다. 그런 관심 때문에 퇴직 후 캘리그라피를 시작했습니다. 캘리그라피를 활용하여 컵도 만들고, 달력도 만들어 스마트스토어에서 판매하기도 했지요. 좋아하는 일을 하면서 돈도 벌 수 있다는 것은 그 자체로도 행복한 노후를 만든다고 봅니다.

넷째, 내가 '하고 싶은 것'을 활용하는 자기계발이 좋습니다. 누구나 하고 싶은 것이 하나쯤은 있죠? 어떤 사람은 14박 15일 유럽여행을, 어떤 사람은 늦은 나이에 가수의 꿈을 꾸기도 합니다. 하지만 직장생활에 쫓기고, 다사다난한 가정사에 휘둘리다 보면 차일피일 미루다가 잊는 경우도 많습니다. 저는 몇 년 전부

돈 걱정 없는 노후를 위한 은퇴세팅법

터 유튜브를 하고 싶었는데, 드디어 최근에 시작하게 되었습니다. 채널명은 '송영욱 TV'인데요. 주로 투자와 자산관리에 대한 주제를 가지고 매주 2회 업로드하고 있습니다. 금융회사 다닐 때처럼 영업하지 않아서 좋고, 구독자와 이해관계가 없어서 솔직하게 제 의견을 말할 수 있어 좋습니다.

내 건강을 지키는 지출은 '생명줄'이다!

유엔UN은 한 나라에서 65세 이상 비율이 7% 이상이면 〈고령화 사회〉, 14% 이상이면 〈고령 사회〉, 20% 이상일 경우 〈초고령사회〉로 구분하고 있습니다. 우리나라는 2025년 기준으로 만 65세 이상 인구가 전체 인구의 20%를 넘어 '초고령사회'가 되었습니다. 급속한 고령화 속도는 노인 연령층의 의료비 급증을 초래하고 있습니다. 국민건강보험관리공단 자료에 의하면 2025년 1인당 의료비 지출액은 연간 591만 원, 2030년에는 연간 760만 원으로 많이 증가할 것이라고 합니다. 노인 의료비 규모가 증가하는

〈표51〉 노인의료비 증가 추이

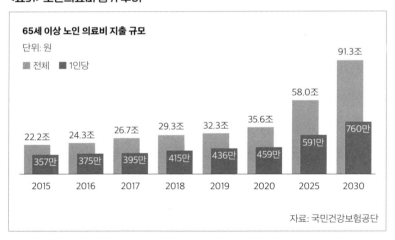

65세 이상 노인 의료비 지출 규모
단위: 원
■ 전체 ■ 1인당

	2015	2016	2017	2018	2019	2020	2025	2030
전체	22.2조	24.3조	26.7조	29.3조	32.3조	35.6조	58.0조	91.3조
1인당	357만	375만	395만	415만	436만	459만	591만	760만

자료: 국민건강보험공단

돈 걱정 없는 노후를 위한 은퇴세팅법

만큼 자녀들의 부담도 늘고 있는데요. 40~50대 중장년층 가운데 절반가량은 부모를 위해 지금까지 1천만 원 이상의 의료비를 지출했다는 조사 결과도 있습니다. 5천만 원 이상을 의료비로 쓴 중장년층도 10명 중 1명꼴이었습니다.

60~70대가 되기 전부터 내 건강을 챙겨야 합니다. 지금 40~50대라면 지금 당장 건강관리를 하는 것이 가장 바람직합니다. 소득도 없는 60~70대에 암, 치매 등과 같은 중증 병치레가 시작되면 엄청난 의료비를 감당하기 힘들 수도 있습니다. 그러므로 나의 노후건강을 위한 지출은 단순한 소비가 아니라, 소중한 '생명줄'입니다. 그렇다면 노후건강을 위해 어떻게 지출하는 것이 바람직할까요?

첫째, 의료실비보험과 질병보험 가입은 필수입니다. 기술했듯이 온라인 보험슈퍼마켓 '보험다모아' 사이트에서 온라인으로 신청하면 저렴하게 가입할 수 있으니 활용하기를 바랍니다. 나이가 들어갈수록 보험료가 비싸지고 가입조건이 까다로워지므로 50대 이전에 가입하는 것이 유리합니다. 이러한 보험은 나의 건강이 위협받을 때 나를 지켜주는 최후의 안전판이 될 것입니다.

둘째, 운동을 위한 지출은 현명한 선택입니다. 운동을 하지 않는 사람은 운동하는 사람보다 병원비를 1.7배 더 쓴다는 연구결과가 있습니다. 요즘에는 헬스, 필라테스, 수영 등을 운동과 건강을 위해 지출하는 시니어들이 늘고 있습니다. 저는 직장생활 하는 동안 운동을 거의 하지 않았습니다. 그 결과 잦은 편두통, 십이지장궤양, 목과 허리디스크, 고관절 통증, 불면증 등 건강이 좋지 않았습니다. 그러다 보니 병원도 자주 가게 되고, 이런저런 약도 많이 먹었습니다. 지금은 매일 2~3시간 정도 운동을 합니다. 탁구와 수영은 개인 지도를 받고 있습니다. 덕분에 병원비나 약값은 줄어들고 건강은 예전보다 훨씬 좋아졌습니다. 돈이 없어도 시간만 있으면 할 수 있는 것이 운동입니다. 돈 걱정 없는 노후를 위해 우리 모두 운동합시다!

돈 걱정 없는 노후를 위한 은퇴세팅법

내 감성을 깨우는 지출은 '행복줄'이다!

65세 이상 노인 중 80%가 특별한 취미생활 없이 TV 시청으로 일상을 보낸다고 합니다. 퇴직 후 나이가 들수록 남는 것은 시간입니다. 노후에 시간이 많다는 것은 외로움이자 고통이 될 수도 있습니다. 부부가 하루 종일 같이 있다 보면, 둘 다 스트레스 받고 싸움도 잦아진다고 합니다. 퇴직한 남편이 제발 좀 나가 놀아주기를 바라는 부인들도 많습니다. 퇴직 후 여유 있는 시간을 만끽하고 싶었지만, 매일 할 일 없이 긴 시간을 허무하게 보내는 것이 문제입니다. 매일 친구를 만나는 것도 쉽지 않고, 여행하는 것도 별다른 감흥이 없어진 지 오래입니다.

어떻게 해야 할까요? 여태껏 모르고 있었던 내 감성을 깨우십시오. 그렇지 않으면 꼰대가 되기 쉽습니다. 내 감성을 깨우는 가장 좋은 방법은 취미활동을 하는 것입니다. 취미가 없는 분은 지금부터라도 만들어보십시오. 취미가 습관이 되면 외롭지도 괴롭지도 않은 새로운 인생이 펼쳐집니다. 취미활동을 위한 지출은 '행복줄'입니다. 행복한 노후는 아내나 남편이 만들어주는 것이 아닙니다. 자식이 만들어주는 것도 아닙니다. 친구가 만들어주는 것도 아닙니다. 행복한 노후는 스스로 만들어 가는 것이지요. 그

방법으로 취미활동을 위한 지출이 필요합니다.

독자님은 취미활동을 잘하고 있나요? 저의 취미는 캘리그라피와 탁구인데요. 캘리그라피는 나 혼자만의 시간에 집중할 수 있어 좋습니다. 예전에는 붓으로 화선지에 썼기 때문에 제약이 있었는데, 이제는 아이패드를 활용하여 언제 어디서든 할 수 있어서 좋습니다. 지인들이 부탁하면 캘리그라피로 가훈을 써주기도 하고, 좋은 문구를 써주기도 합니다. 나중에 강의수입이 떨어지면 캘리그라피를 활용하여 수입을 늘려야겠다고 생각할 때도 있습니다. 탁구는 거의 매일 하고 있는데요. 어느 덧 하체도 단단해지고, 지구력도 좋아졌습니다. 만성적인 소화불량이 없어지고, 식성은 좋아졌습니다. 다른 동호회원에 비하여 실력은 아직 초급수준이지만, 함께 하는 회원들과 탁구를 매개로 웃고 즐길 수 있어 행복합니다.

지출에는 소비성 지출과 투자성 지출이 있습니다. 소비성 지출은 음식값·술값처럼 돈만 날리는 지출입니다. 반면, 투자성 지출은 책값·취미 생활비 등과 같이 나의 미래가치를 높일 수 있는 지출입니다. 노후를 건강하고 행복하게 살기 위해서는 소비성 지출보다 투자성 지출에 집중해야 합니다.

지출세팅을 위한 체크리스트 및 평가

☑ 당신이 노후준비를 못하게 하는 가장 큰 원인은 무엇 때문입니까?
　① 사교육비　② 명품소비　③ 과도한 보험료　④ 적은 수입

① 사교육비 때문에 노후준비를 못 한다면 사교육비를 월수입의 10%
이하로 낮추는 노력이 필요합니다. ② 명품소비가 단순히 남에게 잘 보
이기 위해서라면 지금 당장 멈추십시오. 명품소비보다 명품주식을 사
십시오. ③ 1가구 기준 보험료가 100만 원(1인 기준 33만 원) 이상이라
면 심각한 허당지출입니다. 보험다모아 사이트에서 10만 원 미만의 저
렴한 보험으로 갈아타십시오. ④ 수입이 적다면 투잡, 맞벌이 등 새로
운 추가 수입원을 만드는 데 집중하십시오.

☑ 중산층의 보험가입 기준으로 가장 적절하지 않은 것은
　어느 것입니까?
　① 보장성보험 중심으로 가입한다.
　② 정액보험 중심으로 가입한다.
　③ 인터넷에서 비대면으로 가입한다.
　④ 비과세 저축성보험 중심으로 가입한다.

④는 부자에게 유리한 보험입니다. 중산층과 부자의 보험가입 기준은 다릅니다. 중산층은 보험료가 적으면서 보장(보험혜택)이 큰 보험이 유리하고, 부자는 보험료가 많더라도 절세가 되는 보험이 유리합니다. 따라서 중산층은 보험료가 적으면서 보장이 큰 보장성보험, 정액보험, 인터넷보험 등이 적합합니다. 반면, 부자는 절세에 유리한 저축성보험, 변액보험, 종신보험 등이 유리합니다.

☑ 당신이 현재 실천하고 있는 현명한 지출에는 어떤 것이 있습니까?

① 노후 소득활동을 위해 자격증 공부 등 자기계발을 하고 있다.

② 건강을 위해 헬스, 필라테스 등 레슨을 받고 있다.

③ 취미활동으로 그림을 배우고 있다.

④ 자존감을 높이기 위해 종종 명품을 산다.

①②③은 노후를 행복하게 할 수 있는 현명한 지출이라고 할 수 있습니다. 하지만 ④ 자존감을 높이기 위해 또는 남에게 과시하기 위해 명품을 사는 것은 적절해 보이지 않습니다. 행복한 노후를 위해 경제적·육체적·정신적 준비가 필요합니다. 노후 경제적 준비를 위해 수입을 창출할 수 있는 자기계발이 중요하므로 이에 대한 지출이 필요합니다. 뿐만 아니라 노후 육체적 건강을 위해 운동을 위한 지출, 외롭지 않은 노후를 위해 취미활동을 위한 지출도 중요합니다.

☑ 최근 소비 중 가장 큰 비중을 차지하는 것은 어느 것인가요?

    ① 외식비   ② 유흥비   ③ 경조사비   ④ 의류비

지출에는 소비성 지출이 있고, 투자성 지출이 있습니다. 소비성 지출은 그저 돈만 나가는 지출이고, 투자성 지출은 돈이 나가지만 자신의 미래 가치를 높일 수 있는 지출입니다. 예를 들면 자기계발비, 운동비, 학비 등은 투자성 지출입니다. 하지만 ①②③④는 소비성 지출에 가깝습니다. 특별한 이유가 없다면 소비성 지출은 줄이고, 투자성 지출은 망설일 필요 없이 기꺼이 지출해도 됩니다.

☑ 당신의 미래가치를 높이기 위한 투자성 지출은 어느 정도 되나요?

    ① 없다.   ② 가끔 있다.

    ③ 월수입의 5~10% 내외   ④ 월수입의 20% 내외

대부분의 사람들은 월수입이 충분하지 않고, 회사일 또는 집안일로 바빠서 자신의 미래가치를 높이기 위한 돈도 시간도 부족합니다. 하지만 이제는 열심히 일만 한다고 잘 살 수 있는 세상이 아닙니다. 열심히 일해도 50대에 퇴직해야 하고, 100살까지 살아야 할지도 모릅니다. 따라서 어느 정도의 투자성 지출은 필수적입니다. 투자성 지출을 통해 나이가 들어서도 경제적·육체적·심리적으로 자립할 수 있는 능력을 키우는 것이 현명합니다. 투자성 지출은 ③정도가 적절하다고 봅니다.

☑ 당신은 소비성 지출을 통제하기 위해 어느 정도 노력을 하고 있나요?

　① 전혀 하지 않는다.

　② 지출규모 줄이려고 생각 중이다.

　③ 신용카드 대신 체크카드를 쓴다.

　④ 매월 말 현금수지표를 작성한다.

①②는 심각한 상태입니다. 지금 당장 소비성 지출 내역을 확인해 보고, 불필요한 지출부터 제거해야 합니다. 그 방법으로 ③④가 좋습니다. 체크카드는 지출금액의 규모를 제한할 수 있고, 현금수지표는 한 달간 수입과 지출을 점검함으로써 수입과 지출의 문제점과 해결책을 찾을 수 있게 합니다.

☑ 지출을 줄인 결과 매월 여유자금이 생긴다면 어떻게 하겠습니까?

　① 다음 달 생활비에 보탠다.

　② 평소 사고 싶었던 물건을 산다.

　③ 자유적금에 적립한다.

　④ 적립식펀드에 적립한다

①②는 아껴서 만든 돈을 다시 소비하는 것이므로 적절하지 않다고 봅니다. 소비할 것을 잠시 참았다가 다시 소비해 버린다면 절대 돈이 모이

지 않습니다. 반면에 ③④는 소비를 저축 또는 투자로 전환한 것이므로 매우 현명한 방법이라고 생각합니다. 매월 계속된 적립으로 돈이 돈을 모으고 불리는 '상황'을 만들기 때문입니다.

'안 되는 이유' 말고 '되는 방법'

저는 20여 년간 은행, 보험사, 증권사 등에서 근무했습니다. 강의도 1천 회 이상 하면서 각양각색의 사람들을 만나 상담했습니다. 제가 만난 사람들은 두 유형으로 나눌 수 있습니다. 한 유형은 '안 되는 이유'를 대는 사람, 다른 유형은 '되는 방법'을 찾는 사람입니다. '안 되는 이유'를 대는 사람은 안 될 수밖에 없다고 생각합니다. 최근 50대 은퇴예정자들은 여러 가지 '안 되는 이유'를 대며 노후준비를 못 한다고 하더군요. 하지만 사실은 모두 '되는 방법'이 있습니다.

자녀의 대학교 학비와 생활비 부담이 커서 노후준비를 못 한다고요? 대학생 자녀가 알바를 하거나 휴학 또는 군대에 보내고 노후준비하면 됩니다. 돈이 안 모인다고요? 돈이 모이고 불어날 수 있도록 월급세팅하면 됩니다. 자산은 아파트 한 채가 전부라고요? 아파트 한 채만 있어도 주택연금 받을 수 있잖아요. 그것으로 부족하면 돈을 더 벌면 됩니다. 50대를 채용해 주는 기업이 없다고요? 눈높이를 낮추어 취업하든지 창업을 통해 돈을 벌면 됩니다. 지금 당장 먹고 살기도 급하다고요? 소득을 높이는 방법을 마련하세요. 맞벌이하든지 투잡을 하든지, 방법은 수없이 많습니다. 노후준비는 갖가지 안 되는 이유를 대며 미룰 것이 아닙니다. 현명한 사람이라면 그와 같은 상황에서 '되는 방법'을 찾을 것입니다.

'아는 것'이 힘이 아니라 '하는 것'이 힘!

어떻게 생각하십니까? 그럼에도 불구하고 '안 되는 이유'를 대실 건가요? 노후준비는 제1순위 과제입니다. 안 되는 이유를 댈 것이 아니라 되는 방법을 찾아 '실행'해야 합니다. 노후준비는 누구나 다 할 수 있는 일입니다. 걱정만 하지 마십시오. 걱정이 해결해 주는 것은 아무것도 없습니다. 아는 것이 힘이 아니라 '하는 것'이 힘입니다. 노후준비가 어려운 상황일지라도 '되는 방법'을 찾아보고, 찾았으면 당장 '실행'하십시오!

저는 '생각하는 대로 살지 않으면, 사는 대로 생각하게 된다.'라는 프랑스 소설가 폴 부르제의 말을 좋아합니다. 생각이 있다면 노후준비도 빨리 해야 합니다. 2~30대에 노후준비를 시작하는 것이 가장 좋습니다. 시간의 힘이 적은 돈으로도 큰 노후자금을 만들어주기 때문입니다. 지금 젊다고 해도 아무 생각 없이 살다 보면 금방 60대가 되어 후회하게 될 겁니다. 한편, 이미 5~60대라 하여도 포기할 건 아닙니다. 늦었다고 생각하는 때가 가장 빠른 때라고 합니다. '10년만 젊었어도 못 할 게 없겠다'라는 말 들어봤는지요? 행동하지 않는 사람들의 부질없는 변명에 불과합니다. '지금'이 내 남은 인생에서 가장 빠른 때입니다. 나이에 묶이지 말고 지금부터 하십시오!

제가 전하고 싶은 더 많은 것은 유튜브 '송영욱 TV'에 올리고 있습니다. 그리고 저의 블로그인 '전직금융맨의 부자상자'에서도 투자에 도움이 되는 정보를 게시하고 있습니다. 아울러 기회가 된다면 유튜브 실시간 방송 또는 줌 방송을 통하여 독자 여러분과 쌍방향 소통할 수 있는 기회를 만들고자 합니다. 서로 도움이 되는 정보도 교류하면서 평범한 사람도 돈 걱정 없는 노후가 되기를 기원해 봅니다. I can do it. You can do it, too. 감사합니다.

돈 걱정 없는 노후를 위한 은퇴세팅법

https://www.youtube.com/@flyingturtle2024

돈 걱정 없는 노후를 위한

은퇴세팅법

초판 1쇄 인쇄 2025년 4월 12일
초판 1쇄 발행 2025년 4월 17일

지은이 송영욱
발행인 전익균

이사 정정오, 윤종옥, 김기충
기획 조양제
편집 김혜선, 전민서, 백연서
디자인 페이지제로
관리 이지현, 김영진
마케팅 (주)새빛컴즈
유통 새빛북스

펴낸곳 도서출판 새빛
전화 (02) 2203-1996, (031) 427-4399 **팩스** (050) 4328-4393
출판문의 및 원고투고 이메일 svcoms@naver.com
등록번호 제215-92-61832호 **등록일자** 2010. 7. 12

값 20,000원
ISBN 979-11-91517-41-5 03320

돈 걱정 없는 노후를 위한
은퇴세팅법